高等学校交通运输与工程类专业教材建设委员会规划教材

道路桥梁与渡河工程导论

张洪亮　刘永健　王永东　杨宏志　主　编
　　　　　　　　　　　　　　　郝培文　主　审

人民交通出版社股份有限公司
北京

内 容 提 要

道路桥梁与渡河工程专业属于土木类与交通类的交叉专业,包含道路工程、桥梁工程、隧道工程等方向。为使学生在大一对该专业学什么、如何学、毕业后干什么有一个较全面的了解,以提高学习该专业的兴趣,本教材首先介绍了该专业的发展概况;然后,介绍了道路工程、桥梁工程、隧道工程三个方向的发展历史、设计、施工、养护、前沿发展及展望等;最后,还给出了该专业的课程设置、毕业生所需掌握的能力和素质要求。

本教材可作为道路桥梁与渡河工程专业学生的教材,也可供相关人员参考。

本书配有课件,教师可通过加入道路工程课群教学研讨 QQ 群(328662128)获取。

图书在版编目(CIP)数据

道路桥梁与渡河工程导论 / 张洪亮等主编. — 北京:人民交通出版社股份有限公司, 2023.7
ISBN 978-7-114-18726-1

Ⅰ.①道… Ⅱ.①张… Ⅲ.①道路工程—高等学校—教材②桥梁工程—高等学校—教材 Ⅳ.①U41②U44

中国国家版本馆 CIP 数据核字(2023)第 082802 号

高等学校交通运输与工程类专业教材建设委员会规划教材

Daolu Qiaoliang yu Duhe Gongcheng Daolun

书　　名:	道路桥梁与渡河工程导论
著 作 者:	张洪亮　刘永健　王永东　杨宏志
策划编辑:	李　瑞
责任编辑:	王景景
责任校对:	孙国靖　宋佳时
责任印制:	张　凯
出版发行:	人民交通出版社股份有限公司
地　　址:	(100011)北京市朝阳区安定门外外馆斜街 3 号
网　　址:	http://www.ccpcl.com.cn
销售电话:	(010)59757973
总 经 销:	人民交通出版社股份有限公司发行部
经　　销:	各地新华书店
印　　刷:	北京武英文博科技有限公司
开　　本:	787×1092　1/16
印　　张:	13.75
字　　数:	292 千
版　　次:	2023 年 7 月　第 1 版
印　　次:	2023 年 7 月　第 1 次印刷
书　　号:	ISBN 978-7-114-18726-1
定　　价:	45.00 元

(有印刷、装订质量问题的图书,由本公司负责调换)

前言

作为现代化的五大交通运输方式之一,道路运输把旅客和货物从始发地门口直接运送到目的地门口,实现"门到门"直达运输,具有适应性强、运送速度较快的特点。随着国民经济的发展,我国道路交通基础设施建设发展迅速,公路网不断扩展,取得了举世瞩目的成就。在新的历史发展阶段,公路交通发展以建、养、运、管并重为原则。一方面,需要继续加强交通基础设施建设,公路建设由东部向西部、由平原到山区、由城市向偏远地区不断延伸,建设任务繁重;另一方面,交通基础设施还面临着大量的维护、改造与提升任务,需要提高运输服务水平,加强养护管理,强化科技进步和信息化建设,构建绿色交通体系,提高安全与应急保障能力。

道路桥梁与渡河工程专业是一门工程理论与技术方法相结合的专业,具有很强的实践性。本专业致力于培养能从事道路、桥梁、隧道等的规划、设计、施工、养护、管理、科学研究等方面工作的专业人才。为了使得学生在大一就对道路桥梁与渡河工程专业有一个较全面的了解,并了解各门课程对于该专业的重要性,以提高学习该专业的兴趣,提高学习的针对性和目的性,不少高校开设了"道路桥梁与渡河工程导论"这门课程。该课程主要介绍该专业的发展状况;道路桥梁与渡河工程的基本知识;课程设置;毕业生能力和素质要求及未来工作去向等。该专业包含道路工程、桥梁工程、隧道工程等方向,因此该课程需要讲授这三个方向的基本知识,但目前尚未发现内容上能涵盖这三个方向的书籍。基于这个原因,长安大学组织道路、桥梁、隧道三个方向的教授编写了本书。

  本书共分为六章:第一章介绍道路的发展历程、组成与分级,并简要介绍道路桥梁与渡河工程专业;第二章介绍路线的平、纵、横断面设计与选线;第三章介绍路基工程、路面工程以及道路的前沿发展;第四章介绍桥梁工程的发展历史、设计、施工、养护以及前沿发展;第五章介绍隧道工程的发展历史、设计、施工、养护以及前沿发展;第六章介绍道路桥梁与渡河工程专业知识体系和核心课程。

  张洪亮撰写了全书的写作大纲、第一章、第三章、第六章,并负责书稿的定稿;杨宏志撰写了第二章;刘永健撰写了第四章;王永东撰写了第五章。本书在写作过程中得到了主审郝培文教授的指导和指正,在此深表感谢!

  因时间紧张,加之作者水平有限,书中的疏漏和不当之处在所难免,恳请各位专家、学者和其他读者不吝指正。

编 者

2023 年 3 月于长安大学

目录

第一章 绪论 ··· 001
  第一节 道路的发展概况 ·· 001
  第二节 道路的组成与分级 ·· 011
  第三节 道路桥梁与渡河工程专业简介 ······································ 014
  本章参考文献 ·· 017

第二章 路线工程 ·· 018
  第一节 道路设计阶段和几何设计控制 ······································ 018
  第二节 平面设计 ··· 021
  第三节 纵断面设计 ·· 026
  第四节 横断面设计 ·· 032
  第五节 选线与定线 ·· 040
  本章参考文献 ·· 045

第三章 路基路面工程 ·· 046
  第一节 路基工程 ··· 046
  第二节 路面工程 ··· 064
  第三节 公路工程方向的前沿发展 ··· 084
  本章参考文献 ·· 091

第四章 桥梁工程 ·· 092
  第一节 桥梁的历史与发展 ·· 093
  第二节 桥梁的组成与分类 ·· 110

第三节　桥梁的规划与设计·· 125
　第四节　桥梁施工方法·· 136
　第五节　桥梁的管理与养护·· 145
　第六节　桥梁工程展望·· 150
　本章参考文献·· 152
第五章　隧道工程·· 153
　第一节　隧道的历史与现状·· 153
　第二节　隧道的分类及特点·· 161
　第三节　公路隧道勘察设计·· 167
　第四节　隧道施工方法·· 180
　第五节　公路隧道运营与管理·· 191
　第六节　隧道及地下工程展望·· 199
　本章参考文献·· 202
第六章　道路桥梁与渡河工程专业知识体系和核心课程······················ 203
　第一节　道路桥梁与渡河工程专业知识体系····································· 203
　第二节　道路桥梁与渡河工程专业核心课程简介································· 204

第一章 绪论

第一节 道路的发展概况

交通运输是人和物借助交通工具的载运,产生有目的的空间位移,它是经济发展的基本需要和先决条件,对促进社会分工、大工业发展和规模经济的形成,巩固国家的政治统一和加强国防建设,扩大国际经贸合作和人员往来发挥着重要作用。

现代化的交通运输方式主要有道路运输(主要为公路运输)、铁路运输、水路运输、航空运输和管道运输。五种运输方式在技术、经济上各有长短,都有适宜的使用范围。

道路运输是19世纪末随着现代汽车的诞生而产生的。初期主要承担短途运输业务。第一次世界大战结束后,基于汽车工业的发展和公路里程的增加,道路运输走向发展的阶段,不仅是短途运输的主力,而且进入长途运输的领域。第二次世界大战结束后,道路运输发展迅速。欧洲许多国家和美国、日本等国已建成比较发达的公路网,汽车工业又提供了雄厚的物质基础,促使道路运输在运输业中跃至主导地位。发达国家道路运输完成的客货周转量占各种运输方式总周转量的90%左右。

相比铁路、水路和航空运输,道路运输把旅客和货物从始发地门口直接运送到目的地门口,实现"门到门"直达运输,而且道路运输网的密度大,所以适应性强,运送速度较快。当然,道路运输存在运量小、运输成本较高、安全性比较低,事故率较高的不足。

道路(Road)按其用途分为公路(Highway)、城市道路(Urban Road)、林区道路、厂矿道路等。公路指联结城市、乡村和工矿基地等,主要供汽车行驶、具备一定技术条件和设施的道路。城市道路指在城市范围内,供车辆及行人通行的具有一定技术条件和设施的道路。林区道路指建在林区,主要供各种林业运输工具通行的道路。厂矿道路指主要供工厂、矿山运输车辆通行的道路。公路和城市道路里程长,对于经济活动贡献大,是两种重要的道路类型。

一、国外道路发展概况

国外道路的发展经历了古代(Antiquity)、中世纪(Middle Ages)、近代早期(Early Modern Period)、工业革命时期、现代五个阶段。

1. 古代道路

古代道路最初只有羊肠小道,是人们去打猎或饮水走出来的路。公元前3500年,马车开始出现,人们开始通过旅行、商业贸易以及战争进行相互交流,真正的道路开始出现。

世界上最早的有铺装的道路于公元前2600—公元前2200年出现在古埃及。在中东地区石块铺装的街道可以追溯到公元前4000年。公元前3807年冬天或公元前3806年春天,英格兰人用木材修筑了道路。公元前3000年,砖砌的街道出现在印度。在公元前500年,大流士在波斯帝国境内修建了发达的道路系统,其中皇家公路是当时最好的公路。

从公元前400年到公元400年,古罗马为了支持它的军事行动,在欧洲和北非修建了著名的罗马道路。在巅峰时期,罗马帝国被发端于罗马的29条主要道路联系在一起,主要道路总长度为78000km。罗马帝国的道路由3~4层组成,包括上层、基层(Base Course)(可能还有底基层,有时由稳定类材料修筑)和路基(Subgrade)(图1-1和图1-2)。

图1-1 古罗马道路的外观

图1-2 古罗马道路的结构组成

2. 中世纪道路

在中世纪,随着罗马帝国的衰落,古罗马道路也开始被破坏,但部分路段至今仍然在使用。

在中世纪的伊斯兰世界,阿拉伯帝国境内修建了许多道路,其中最高级的是于公元8世纪在伊拉克巴格达用柏油修建的道路。

3. 近代早期道路

近代,随着各国经济技术的发展,人们开始建造新的道路和桥梁。尽管有人尝试重新发现古罗马人筑路的方法,但在18世纪之前,道路建设几乎没有大的有价值的创新。

在17世纪的西非,整个阿散蒂帝国(Ashanti Empire)的道路运输通过维护良好的公路网络而得以维持,该公路将阿散蒂大陆与尼日尔河和其他贸易城市连接起来。在达荷美王国(Dahomey Kingdom)人们修建了收费公路,该公路基于人们携带的货物按年收税。

1725—1737年间,乔治·韦德(George Wade)将军建造了400km(约250英里)长的道路和40座桥梁,以改善英国对苏格兰高地的控制。按古罗马道路进行设计,底部有大块石,顶部有砾石,典型路面的厚度为2m。

英国的"1555公路法案"将维护公路的责任由政府转移到地方教区,这直接导致了路况变差。为了改善路况,约1706年英国修建了收费公路。

4. 工业革命时期道路

18世纪末至19世纪初,现代的道路修筑方法被发明出来,其中代表性的人物有英格兰的J. 梅特卡夫(John Metcalf)、法国的P. M. J. 特雷萨盖(Pierre Marie Jérôme Trésaguet)、英格兰的T. 特尔福德(Thomas Telford)以及苏格兰的J. L. 马克当(John Loudon McAdam)。

英格兰工程师J. 梅特卡夫是工业革命时期第一个专业的道路工程师,他主持修建了英国北部大约290km的收费公路。他认为水是造成道路大部分病害的主要原因,一个好的道路必须有良好的基础、排水迅速以及表面有利于排水的路拱。

首先用科学方法改善道路施工的,是拿破仑时代法国工程师P. M. J. 特雷萨盖。由于他的努力,筑路技术向科学化和近代化迈出了第一步。他曾经在1764年发表了新的筑路方法,10年后在法国获得普遍采用,主要特点是减薄了路面的厚度,底层用较大的石料竖向铺筑,用重夯夯实;其上同样铺成第二层后,再用重夯夯击并将小石块填满大孔隙中;最上层撒铺坚硬的碎石,罩面形成有拱度的厚约7.5cm的面层。他重视养护,被认为是首先主张建立道路养护系统的人。在他的影响下,法国的筑路精神重新受到了鼓舞,在拿破仑当政期间,法国建成了著名的道路网,因而当时法国尊称特雷萨盖为现代道路建设之父。

英格兰工程师T. 特尔福德于1815年建筑道路时,采用一层式大石块基础的路面结构,用平均高约18cm的大石块铺砌在中间,两边用较小的石块铺砌以形成路拱,用石屑嵌缝后,再分层摊铺厚10cm和5cm的碎石,以后借助交通压实。其要求较特雷萨盖更为严格,这种大块石基础称为特尔福德基层。

1816年苏格兰工程师J. L. 马克当设计出第一条现代道路,即碎石路面。他认为特尔福德所发明的笨重的大石块基础是不必要的,天然地基上可以修建路面。他先用尺寸不大于7.5cm的碎石修建厚度为10cm的基层,然后在其上使用尺寸不大于2.0cm的小碎石修建厚度为5cm的面层。为了纪念他,今天将这种碎石路面称为马克当路面。他还科学地阐述了路面结构的两个基本原则,至今尤为道路工作者所肯定:一是道路承受交通荷载的能力主要依靠天然土基,并强调土基要具备良好的排水性能,土基经常处于干燥状态,才能承受重载而不致发生沉降;二是要用有棱角的碎石,互相咬紧锁结成为整体,形成坚固的路面。图1-3为美国修建第一条碎石路面的场景。

图 1-3 美国第一条碎石路面的修建

尽管马克当反对往碎石的空隙中填入其他尺寸更小的填料,但后来的工程师开始将小碎石、黏土等填入面层碎石的空隙,并取得了良好的效果。

5. 现代道路

碎石路面适合于马车行驶,但不适合于高速行驶的汽车,因此需要加入其他的材料来黏结或稳定碎石。沥青稳定碎石最早可以追溯到1834年的专利。该专利给出的施工方法如下:在路基上喷洒沥青,摊铺碎石,用沥青砂浆对碎石进行密封。沥青贯入碎石也在1900年之前获得应用,做法如下:摊铺碎石,喷洒沥青,然后再压实。尽管沥青在19世纪已经被使用,但使用得很少,直到20世纪汽车出现以后才获得广泛的应用。1901年,胡利(Hooley)的专利中公布了拌和式沥青混合料的做法,即先将沥青和碎石进行拌和,然后在现场进行摊铺,最后用压路机进行碾压。另外,他还提出可以通过加入波特兰水泥、树脂和天然沥青等对沥青进行改性。水泥则是用于黏结碎石的另外一种重要材料,用水泥混凝土作为面层的路面称作水泥混凝土路面(Cement Concrete Pavement)。

汽车出现后,对于行驶的快速、安全、舒适性提出了更高的要求,公路等级方面也有了极大的变化,高速公路开始出现。

世界上修建高速公路最早的国家是德国。德国早在1928—1932年就建成了从科隆至波恩的第一条高速公路,1933年又建成了从柏林至汉堡的高速公路,1957年通过长途公路建设法,1959—1970年制定了三个四年建设计划,开始了公路的大发展。

美国于1937年建成了加州高速公路。美国国会于1956年通过了立法,正式开始全国高速公路网(州际与国防公路系统)的建设。至1993年,美国高速公路里程已达8.75万km,为当时世界上拥有高速公路最多的国家,其中纽约至洛杉矶高速公路全长4156km,其长度为当时世界之最。

法国的高速公路建设以1942年巴黎西线高速公路的建成通车为开端。起初发展速度较慢,到1962年,全国高速公路总里程也只有200km左右,而且初期修建的高速公路都在巴黎周边地区。此后为缓解和改善交通拥挤及过分集中的问题,开始修建连接主要港湾与内陆及主要地区的高速公路。为加快建设速度,采取了以大量吸收民间投资为主的建设计划,有力地推动了高速公路的建设。

目前,发达国家已经建成了完善的高速公路网。截止到2020年,除我国以外的世界主要国家高速公路里程见表1-1。

世界主要国家高速公路里程　　　　表1-1

国　　家	通车里程(km)	国　　家	通车里程(km)
美国	77960	法国	11100
俄罗斯	30000	日本	7803
加拿大	17000	意大利	6700
西班牙	15152	韩国	3367
德国	12800	英国	3519

注：数据来源于维基百科。

二、国内道路发展概况

1. 古代道路

中国远古人类从事狩猎、采集以及频繁的迁徙活动,在地面上走出来一条条道路。相传中华民族的始祖黄帝,因看见蓬草随风吹转而发明了车轮,于是以"横木为轩,直木为辕"制造出了车辆,对交通运输作出了伟大贡献,故被尊称为"轩辕氏"。随着车辆的出现便产生了车行道,人类开始修建更加坚实和宽阔的道路,陆上交通出现了新局面。

西周时期,周武王姬发灭商后,修建了一条宽阔平坦的大道,号称"周道",并以洛邑为中心,向东、向北、向南、向东南又修建成等级不同的、呈辐射状的道路。周道是西周王室的生命线,也是国家交通的中轴线。不仅周、秦、汉、唐的政治经济文化重心都在这条轴线上,而且在以后的宋、元、明、清时期,这条交通线仍然是横贯东西的大动脉。周道在我国经济文化发展的历史上,起了奠基性的作用。

春秋战国时期,大规模的经济文化交流、军事外交活动和人员物资聚散,都极大地推进了道路的建设。这个时期修建了很多栈道。栈道原指沿悬崖峭壁修建的一种道路,又称阁道、复道。中国古代高楼间架空的通道也称栈道。褒斜道、陈仓道、子午道和傥骆道是栈道的典型代表。这些工程的建设极其艰巨,人们首先采用古老原始的"火焚水激"的方法开山破石,然后在崖壁上凿成30cm见方、50cm深的孔洞,分上、中、下三排,均插入木桩。接着在上排木桩上搭遮雨棚,中排木桩上铺板成路,下排木桩上支木为架。这样,远望栈道好像空中楼阁一般。图1-4为子午道。

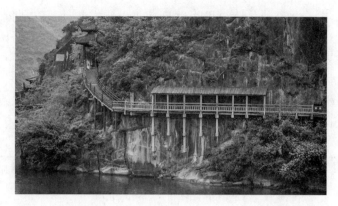

图1-4 子午道

秦始皇统一中国后,实现了"车同轨"。根据"车同轨"的要求,秦朝将过去错杂的交通路线加以整修和连接,在此基础上,又耗费了难以数计的人力和物力,修筑了以驰道为主的全国交通干线。这项费时10年的工程,规模十分浩大。它以京师咸阳为中心,向四方辐射,将全国各郡和重要城市全部连通起来。其中,秦直道(图1-5)是最为重要的一条驰道。秦直道南起京都咸阳军事要地云阳林光宫(今淳化县凉武帝村),北至九原郡(今内蒙古包头市西南孟家湾村),穿越14个县,全长700多公里。路面最宽处约60m,一般亦有20m,号称"中国古代的高速公路"。

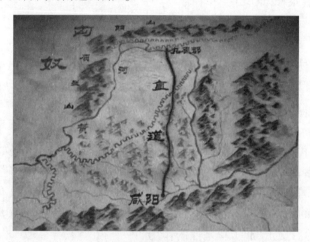

图1-5 秦直道示意图

两汉时期,人们开辟了著名的陆上丝绸之路(图1-6)。它经过中亚、西亚,可与东南欧及北非的交通线相衔接,构成了世界性的东西大商道。不仅在两汉时期,而且在唐、宋、元、明时期,它始终发挥着重要作用,成为古代东西方文明联系的主要纽带。

唐朝是我国古代道路发展的极盛时期。当时,京城长安不仅有水路运河与东部地区相通,而且是国内与国际的陆路交通枢纽。唐朝长安城内有11条南北大街,14条东西大街,把全城划分为100多个整齐的坊市(图1-7)。此外,像洛阳、扬州、泉州和广州等城市,随着唐朝政治、经济和文化的发展,也相继成为重要的交通中心。

图1-6 陆上丝绸之路示意图

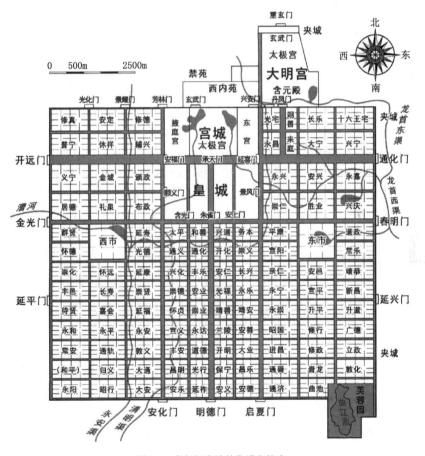

图1-7 唐朝长安城的街道和坊市

宋和辽金时期,我国的道路建设进入一个新的发展阶段,特别是在城市道路建设与交通管理方面,与隋唐时期有着明显的区别。这一时期的城市建设,实现了街和市的有机结合。城内大道两旁,第一次成为百业汇聚之区。北宋的都城汴京(今开封)中心街道(图1-8)称作御街,宽两百步,路两边是御廊。

图 1-8　汴京(今开封)中心街道

元、明时期建成了以北京为中心的稠密的驿路交通网。驿路干线辐射到我国的四面八方。特别是元代,综合拓展了汉唐以来的大陆交通网,进一步覆盖了包括阿拉伯半岛在内的亚洲大陆的广阔地区。同汉唐时期的丝绸之路比较,元明时期道路规模更大,效率更高,发挥着更为直接的重要作用。

清朝是我国最后一个封建王朝。经过清朝政府的多次整顿,全国道路布局比以往任何时候都更加合理而有效。清朝把驿路分为三等:一是"官马大路",由北京向各方辐射,主要通往各省城;二是"大路",自省城通往地方重要城市;三是"小路",自大路或各地重要城市通往各市镇。

2. 近代道路(1912—1949 年)

自 20 世纪初汽车输入中国以后,通行汽车的公路开始发展起来,但发展缓慢,并屡遭破坏,原有的马车路(有的也可勉强通行汽车)和驮运道仍是多数地区的主要交通设施。这个历史时期大致可分为清末和北洋政府时期、国民政府前期、抗日战争时期和解放战争时期四个阶段。

清末和北洋政府时期公路建设处于萌芽状态,城市道路受到外来影响,有了现代化设施的雏形。而"公路"一词的出现,据考是在 1920 年广东省成立"公路处"开始逐渐应用于国内。中国最初的公路是 1908 年苏元春驻守广西南部边防时兴建的龙州—那堪公路,但因工程艰巨,只修通龙州至鸭水滩一段,长 17km。在北方则以张库公路为最长,自河北张家口至库伦(现为蒙古国首都乌兰巴托),全长 965km,是沿着原有的"茶叶之路"加以修整而成,在当时是交通最繁重的一条公路。到北洋政府末年,全国公路里程为 26110km,大都是晴通雨阻的低级道路。

20 世纪 20 年代,上海、天津等城市,开始出现了沥青路面和水泥混凝土路面,并有沥青拌和厂及压路机等筑路机械,对于中国道路建设的现代化产生了深远的影响。

国民政府前期公路开始纳入国家建设规划阶段。1927 年,国民政府的交通部和铁道部草拟了全国道路规划及公路工程标准。1932年，全国经济委员会筹备处奉命督造苏、浙、皖三省联络公路，仿照国外中央贷款筑路办法，筹集基金，贷给各省作为补助筑路之用。据统计，截至1936年6月中国公路通车里程达到117300km。

抗日战争时期，由于几条主要铁路（如平汉、粤汉等）运输干线几乎全被日本侵略军切断，上海、广州等口岸也被封锁，为沟通大后方交通和打通国际道路，公路成为陆上交通主要通道。那时，为运输抗日战争所急需的物资和人员而抢修了一些公路。这一时期新建公路14431km，多服务于军事，对标准和质量要求不高。据统计，截至1946年12月，中国公路总里程达130307km。

解放战争时期，公路交通以军用为主。公路建设进展不大，而且公路遭到战争的严重破坏。截至中华人民共和国成立前夕，全国公路能通车的仅剩下7.5万km。

从中国近代道路的整个历史时期看，中国公路的发展是从无到有，从少到多，修建的公路多为泥结碎石路面。1941年滇缅公路，修建了沥青表面处治路面155km，采用筑路机械200余部，是中国公路机械化施工的开端。

3. 现代道路(1949年至今)

新中国成立后，我国道路的发展经历了三个时期：

(1)"通达工程"建设期(1949—1978年)，公路建设以"通"为主。

公路建造技术和工艺水平相对落后，公路建设标准多为三、四级公路，但是通车里程增长迅速。在1949年以前，全国公路通车里程只有7.5万km；截至1976年，全国公路通车里程达到82.3万km。这段时期修建的代表性公路有川藏公路、青藏公路、华东国防公路、昆洛公路、华南国防公路、中尼公路、川滇西路、沈阳至抚顺南线一级公路等。这个时期早期修建的多是泥结碎石路面和渣油路面，后期则出现了沥青路面(Asphalt Pavement)和水泥混凝土路面。

1970年，国家首次提出修建京津塘高速公路的计划，并安排了现场调研。建议在长三角、珠三角等地修建高速公路，解决拥堵、事故率频发等问题。针对修建高速公路的优点和缺点，人们展开了热烈的讨论。

(2)"提高等级"建设期(1979—1997年)，公路建设由以前的"以通为主"向"提高公路的快速性"转变。

这一时期，公路建设主要任务是提高公路等级、质量和通行能力。1982年党的十二大后，修建高速公路的呼声日益高涨。1989年7月，在沈阳召开的高等级公路建设现场会上，时任国务委员邹家华指出中国必须发展高速公路。一场中国要不要修建高速公路的争论，就此画上了句号。

沪嘉高速公路于1988年10月31日建成通车，结束了我国大陆没有高速公路的历史。1990年9月，全长375km的沈大高速公路通车，被誉为"神州第一路"。京津塘高速公路所处地区政治地位特殊，是国务院正式批准建设的首条高速公路，1993年9月25日全线通车，从论证到建成历经20多年。

1993年，交通部提出"五纵七横"国道主干线的规划布局方案。规划的内容为：从

1991 年开始到 2020 年,用 30 年左右的时间,建成 12 条长 3.5 万 km 的国道主干线,将全国重要城市、工业中心、交通枢纽和主要陆上口岸连接起来,逐步形成一个与国民经济发展格局相适应、与其他运输方式相协调、主要由高等级公路(高速公路、一级公路、二级公路)组成的快速、高效、安全的国道主干线系统。在技术标准上大体以京广线为界,京广线以东地区经济发达,交通量大,以高速公路为主;以西地区交通量较小,以一、二级公路为主。

"五纵"分别为:同江—三亚、北京—福州、北京—珠海、二连浩特—河口、重庆—湛江。"七横"分别为:绥芬河—满洲里、丹东—拉萨、青岛—银川、连云港—霍尔果斯、上海—成都、上海—瑞丽、衡阳—昆明。

这个时期修建的路面多为沥青路面和水泥混凝土路面。

(3)"完善路网"建设期(1998—2016 年),修建高速公路是公路建设的主旋律。

由于我国经济高速发展以及拉动内需的需要,"五纵七横"实际上在 2007 年已经全部贯通。

2004 年,国务院发布了国家高速公路网规划,采用放射线与纵横网格相结合的布局方案,形成由中心城市向外放射以及横贯东西、纵贯南北的大通道,由 7 条首都放射线、9 条南北纵向线和 18 条东西横向线组成,简称为"7918 网",总规模约 8.5 万 km。其中:主线 6.8 万 km,地区环线、联络线等其他路线约 1.7 万 km,拟在 2020—2030 年完成。

首都放射线 7 条,分别为:北京—上海、北京—台北、北京—港澳、北京—昆明、北京—拉萨、北京—乌鲁木齐、北京—哈尔滨。

南北纵向线 9 条,分别为:鹤岗—大连、沈阳—海口、长春—深圳、济南—广州、大庆—广州、二连浩特—广州、包头—茂名、兰州—海口、重庆—昆明。

东西横向线 18 条,分别为:绥芬河—满洲里、珲春—乌兰浩特、丹东—锡林浩特、荣成—乌海、青岛—银川、青岛—兰州、连云港—霍尔果斯、南京—洛阳、上海—西安、上海—成都、上海—重庆、杭州—瑞丽、上海—昆明、福州—银川、泉州—南宁、厦门—成都、汕头—昆明、广州—昆明。

此外,规划方案还包括:辽中环线、成渝环线、海南环线、珠三角环线、杭州湾环线共 5 条地区性环线,2 段并行线和 30 余段联络线。

2013 年 6 月 20 日,交通运输部正式公布了《国家公路网规划(2013 年—2030 年)》。在新的规划里,国家高速公路网进一步完善,在"7918"网的基础上,在西部增加了呼和浩特—北海以及银川—百色两条南北纵线,成为"71118"网,规划总里程增加到了 11.8 万 km。

实际上,截至 2015 年,我国高速公路里程已经达到 12.35 万 km。其中既包括了"71118"网中已经完成的高速公路,也包括未列入该网已经修建完成的高速公路。

(4)"交通强国"建设期(2017 年至今),构建安全、便捷、高效、绿色的现代综合交通运输体系。

2017 年,国务院印发了《"十三五"现代综合交通运输体系发展规划》,提出构建安全、便捷、高效、绿色的现代综合交通运输体系,部分地区和领域率先基本实现交通运输现代化,着力完善基础设施网络、加强运输服务一体衔接、提高运营管理智能水平、推行绿色安全发展模式,加快完善现代综合交通运输体系,更好地发挥交通运输的支撑引领作用。在高速公路方面,加快推进由7条首都放射线、11条南北纵向线、18条东西横向线,以及地区环线、并行线、联络线等组成的国家高速公路网建设。具体地,实施京新高速公路(G7)、呼北高速公路(G59)、银百高速公路(G69)、银昆高速公路(G85)、汕昆高速公路(G78)、首都地区环线(G95)等6条区际省际通道贯通工程;推进京哈高速公路(G1)、京沪高速公路(G2)、京台高速公路(G3)、京港澳高速公路(G4)、沈海高速公路(G15)、沪蓉高速公路(G42)、连霍高速公路(G30)、兰海高速公路(G75)等8条主通道扩容工程。推进深圳至中山跨江通道建设,新建精河至阿拉山口、二连浩特至赛汗塔拉、靖西至龙邦等连接口岸的高速公路。

2019年,国务院印发《交通强国建设纲要》,提出要打造一流设施、一流技术、一流管理、一流服务,建成人民满意、保障有力、世界前列的交通强国,为全面建成社会主义现代化强国、实现中华民族伟大复兴中国梦提供坚强支撑。

截至2022年,中国高速公路通车里程达17.7万km,位居世界第一。

第二节　道路的组成与分级

一、公路的组成、功能与分级

(一)公路的组成

公路是线形结构物,它包括线形和结构两个组成部分,所以公路的设计包括几何设计和结构设计两部分。

1. 线形组成

公路线形是指公路中线的空间几何形状和尺寸。这一空间线形投影到平、纵、横三个方向而分别绘制成反映其形状、位置和尺寸的图形,即为公路的平面图、纵断面图和横断面图。平面线形由直线(Tangents)、圆曲线(Circular Curves)和缓和曲线(Transition Curves)等基本线形要素组成;纵断面线形由直坡段(Grades)和竖曲线(Vertical Curves)等基本要素组成;横断面线形由行车道(Lane)、路肩(Shoulder)、中间带(Median)、路拱横坡(Crown)等基本要素组成。

2. 结构组成

公路的结构主要包括路基、路面、桥涵、隧道,还有排水系统、防护工程、交通设施等。

(1)路基(Subgrade)

路基是行车部分的基础,它承受路面传递下来的行车荷载,是由土、石等按照路线位置和一定技术要求修筑成的土工带状体(图1-9)。

（2）路面(Pavement)

路面是用各种筑路材料或混合料分层铺筑在路基上供车辆行驶的构造物(图1-9)。

（3）桥涵(Bridge and Culvert)

桥涵包括桥梁、涵洞与过水路面。桥梁是为公路或城市道路跨越河流、山谷等天然或人工障碍物而建造的构造物(图1-10)。涵洞是为宣泄地面水流而设置的横穿路基的小型排水构造物(图1-11)。过水路面是通过平时无水或水流很小的宽浅河流而修筑的在洪水期间容许水流漫过的路面(图1-12)。

图1-9 路基和路面

图1-10 桥梁

图1-11 涵洞

图1-12 过水路面

（4）隧道(Tunnel)

隧道是为道路从地层内部或水底通过而修筑的建筑物(图1-13)。

（二）公路的功能

公路功能的划分应该基于公路的预期作用,功能设计应提供满足出行运动的要求。根据出行类型、驾驶员情况、公路在整个公路系统内的作用,公路的功能包括连接功能、集散功能、出入功能。相应地,公路按功能划分为干线公路(Arterial/Trunk Highway)、集散公路(Collector Highway)和地方公路(Local Highway)三类。

图 1-13 隧道

干线公路具有畅通直达功能,主要满足可通达的要求,交通流不间断,交通质量高,可以节省运行时间,降低运行成本,保证足够的交通安全。

集散公路主要收集和分流交通,为公路周围的区域提供交通便利。

地方公路主要满足居民的活动、行走、购物等需求,对速度没有高的要求,主要强调可达性。

(三)公路的分级

依据公路的功能和适应的远景交通量,将公路分为五个等级:

(1)高速公路(Freeway/Expressway)(图1-14):为专供汽车分向、分车道行驶,全部控制出入的多车道公路。高速公路的设计交通量宜在15000辆小客车/日以上。

图 1-14 高速公路

(2)一级公路(First-class Highway):为供汽车分向、分车道行驶,可根据需要控制出入的多车道公路。一级公路的设计交通量宜在15000辆小客车/日以上。

(3)二级公路(Second-class Highway):为供汽车行驶的双车道公路。二级公路的设计交通量宜为5000~15000辆小客车/日。

(4)三级公路(Third-class Highway)：为供汽车、非汽车交通混合行驶的双车道公路。三级公路的设计交通量宜为2000~6000辆小客车/日。

(5)四级公路(Fourth-class Highway)：为供汽车、非汽车交通混合行驶的双车道或单车道公路。双车道四级公路的设计交通量宜在2000辆小客车/日以下，单车道四级公路的设计交通量宜在400辆小客车/日以下。

二、城市道路的等级划分

按照道路在城市道路网中的地位、交通功能以及对沿线建筑物的服务功能，城市道路分为四类：

快速路(Expressway)：为城市中长距离快速交通服务。快速路上的机动车道两侧不应设置非机动车道。快速路对向行车道之间应设置中间分隔带，其进出口应采用全控制或部分控制。快速路沿线两侧不能设置吸引大量车流、人流的公共建筑物的进出口，对一般建筑物的进出口应加以控制，当进出口较多时宜在两侧另建辅道。

主干路(Principle Arterial Street)：为连接城市各主要分区的干线道路，以交通功能为主。非机动车交通量大时应设置分隔带与机动车分离行驶，两交叉口之间分隔机动车与非机动车的分隔带宜连续。主干路两侧不宜设置吸引大量车流、人流的公共建筑物的进出口。

次干路(Minor Principle Arterial Street)：与主干路结合组成城市道路网，起集散交通的作用，兼有服务功能。次干路两侧可设置公共建筑物的进出口，并可设置机动车和非机动车的停车场、公共交通站点和出租车服务站。

支路(Local Street)：为次干路与居民区、工业区、市中心区、市政公用设施用地、交通设施用地等内部道路的连接线，解决局部区域交通，以服务功能为主。支路可与平行于快速路的道路相接，但不得与快速路直接相接。支路需要与快速路交叉时应采用分离式立体交叉跨过或穿过快速路。

第三节　道路桥梁与渡河工程专业简介

随着国民经济的发展，我国交通基础设施建设发展迅速，公路网不断扩展，取得了举世瞩目的成就。在新的历史发展阶段，公路交通发展以建、管、养、运并重为原则，一方面，需要继续加强交通基础设施建设，公路建设由东部向西部、由平原到山区、由城市向偏远地区不断延伸，建设任务繁重。另一方面，交通基础设施还面临着大量的维护、改造与提升任务，需要提高运输服务水平，加强养护管理，强化科技进步和信息化建设，构建绿色交通体系，提高安全与应急保障能力。因此，在今后较长的时期内，我国还需要大量的道路桥梁与渡河工程专业人才。

道路桥梁与渡河工程专业属于土木类与交通类的交叉专业,是一门工程理论与技术方法相结合的专业,具有很强的实践性。本专业学科以理论分析为基本研究方法,较多使用数学及力学,注重理论分析与实践经验相结合。道路桥梁与渡河工程专业包含道路工程、桥梁工程、隧道工程等方向。

本专业培养德、智、体、美、劳全面发展,具有浓厚家国情怀、创新创业思维和广阔国际视野,具备扎实的专业理论基础和复杂工程问题解决能力,能够胜任道路工程、桥梁工程、隧道工程等交通基础设施工程规划设计、建设养护、工程管理、研究开发等工作的复合型技术人才。毕业生经过五年左右的实际工作后,能够达到如下目标:

目标1:扎实地掌握道路桥梁与渡河工程专业的基础理论、专门知识和基本技能,具备专业和实践的科学素养,并具有从事科学研究工作或担负专门技术工作的初步能力。

目标2:具备合理的知识结构,掌握科学工作的一般方法,能正确判断和解决实际问题。具备在道路工程、桥梁工程、隧道工程等相关专业设计、施工、管理、养护、研究等部门从事核心技术或管理工作的能力。

目标3:具有良好的科学思维能力、创造能力、创新精神、创业精神、团队协作意识、法律意识、工程伦理意识、环境保护意识和沟通管理能力。

目标4:具备独立思考和终身学习的意识、能力、习惯,能适应和胜任多变的职业领域。

经过四年的学习,毕业生应获得如表1-2所示的几方面的知识和能力。

专业毕业要求　　　　　　　　　　　　　表1-2

工程专业认证标准	毕业要求
1. 工程知识:能够将数学、自然科学、工程基础和专业知识用于解决复杂工程问题	1.1　具有扎实的数学知识与逻辑思维能力、扎实的自然科学基础
	1.2　具有深厚的道路桥梁与渡河工程规划、设计、管理、控制、运行、维护的基础理论
2. 问题分析:能够应用数学、自然科学和工程科学的基本原理,识别、表达并通过文献研究分析复杂工程问题,以获得有效结论	2.1　能够针对道路桥梁与渡河工程问题,通过文献搜集和分析,综合运用数学、自然科学、道路桥梁与渡河工程基本原理对问题进行识别和表达,识别关键环节,提出有效技术路径
	2.2　能够建立起数学、自然科学、工程基础、专业知识与复杂工程问题之间的联系,能够主动应用数学、自然科学、工程基础和专业知识分析复杂道路桥梁与渡河工程问题
3. 设计/开发解决方案:能够设计针对复杂工程问题的解决方案,设计满足特定需求的系统、单元(部件)或工艺流程,并能够在设计环节中体现创新意识,考虑社会、健康、安全、法律、文化以及环境等因素	3.1　能够针对复杂道路桥梁与渡河工程问题,明确工程需求,选择合适的工程技术方法,提出相应解决方案
	3.2　能够在方案设计、比选和可行性分析时,考虑社会、健康、安全、法律、文化以及环境等因素
4. 研究:能够基于科学原理并采用科学方法对复杂工程问题进行研究,包括设计实验、分析与解释数据,并通过信息综合得到合理有效的结论	4.1　能够针对复杂道路桥梁与渡河工程问题设计实验,正确采集、分析和解释数据
	4.2　能够将实验数据应用到复杂道路桥梁与渡河工程问题的解释中,采用科学的方法对复杂道路桥梁与渡河工程问题进行研究

续上表

工程专业认证标准	毕业要求
5. 使用现代工具:能够针对复杂工程问题,开发、选择与使用恰当的技术、资源、现代工程工具和信息技术工具,包括对复杂工程问题的预测与模拟,并能够理解其局限性	5.1 能够熟练运用文献检索工具,获取道路桥梁与渡河工程领域的研究成果和最新进展
	5.2 能够选择、运用合适的现代工程工具、信息技术工具和交通类软件,对复杂道路桥梁与渡河工程问题进行分析和模拟,理解工具应用的适用性和有限性
6. 工程与社会:能够基于工程相关背景知识进行合理分析,评价专业工程实践和复杂工程问题解决方案对社会、健康、安全、法律以及文化的影响,并理解应承担的责任	6.1 理解与道路桥梁与渡河工程领域相关的各类法律法规、标准规范、政策方针等
	6.2 了解并能正确评估道路桥梁与渡河工程实践和解决方案对社会、健康、安全、法律以及文化等方面的影响,理解应承担的社会责任
7. 环境和可持续发展:能够理解和评价针对复杂工程问题的专业工程实践对环境、社会可持续发展的影响	7.1 了解道路桥梁与渡河工程领域的环境保护和可持续发展等方面的方针、政策和法律、法规
	7.2 能够针对工程实践对环境、社会可持续发展的影响进行评价分析
8. 职业规范:具有人文社会科学素养、社会责任感,能够在工程实践中理解并遵守工程职业道德和规范,履行责任	8.1 具有良好的身体素养和意志力,具有宽广系统的人文社科知识和素养
	8.2 具有社会责任感,具有良好的思想品德,正确的人生观、价值观
	8.3 具有道路桥梁与渡河工程师职业操守和道德,将职业素养作为个人发展的长远目标
9. 个人和团队:能够在多学科背景下的团队中承担个体、团队成员以及负责人的角色	9.1 具有自我管理能力,能够在跨学科背景下的团队中有效合作
	9.2 能够在团队中承担不同角色,并切实发挥团队作用
10. 沟通:能够就复杂工程问题与业界同行及社会公众进行有效沟通和交流,包括撰写报告和设计文稿、陈述发言、清晰表达或回应指令。并具备一定的国际视野,能够在跨文化背景下进行沟通和交流	10.1 具有通过口头、报告和图纸等,与业界同行和社会公众进行有效沟通和交流的能力
	10.2 熟练掌握一门外语,了解道路桥梁与渡河工程领域的国际发展趋势,能够进行学术、工程和公众等方面的国际化沟通交流
11. 项目管理:理解并掌握工程管理原理与经济决策方法,并能在多学科环境中应用	11.1 具备工程项目管理的知识和方法、经济决策方法,能够在多学科环境中应用
	11.2 了解和掌握道路桥梁与渡河工程全寿命周期内涉及的工程管理与经济决策问题,能够在设计开发解决方案的过程中运用工程管理与经济决策方法
12. 终身学习:具有自主学习和终身学习的意识,有不断学习和适应发展的能力	12.1 具备进取、变通、自省的意识,理解终身学习的重要性
	12.2 掌握自主学习的方法,能够适应不同工作环境和工作条件,并进行自我调整

[1] 梁富权.道路工程(桥梁工程专业用)[M].北京:人民交通出版社,1995.

[2] 凌天清.道路工程[M].4版.北京:人民交通出版社股份有限公司,2019.

[3] 中华人民共和国交通运输部.公路工程技术标准:JTG B01—2014[S].北京:人民交通出版社股份有限公司,2015.

[4] US Department of Transportation-Federal Highway Administration. "1823-First American Macadam Road"(Painting-Carl Rakeman)[R]. Washington DC,2008.

[5] Ralph Morton. Construction UK:Introduction to the industry[M]. Oxford:Blackwell Science,2002.

[6] Harrison, Ian. The book of inventions[M]. Washington, DC:National Geographic Society,2004.

[7] Shragge, John & Bagnato, Sharon. from footpaths to freeways[R]. Ontario Ministry of Transportation and Communications, Historical Committee,1984.

[8] 中国公路交通史编审委员会.中国公路史(第一册)[M].北京:人民交通出版社股份有限公司,2017.

[9] 交通部中国公路交通史编审委员会.中国公路史(第二册)[M].北京:人民交通出版社,1999.

[10] 中国公路学会.中国公路史(第三册)[M].北京:人民交通出版社股份有限公司,2017.

第二章 路线工程

道路设计可以分为几何设计和结构设计两大部分。道路设计的几何设计(或称路线设计,铁路专业称选线设计),属于路线工程研究的范围。它的主要任务是在研究汽车行驶与道路各个几何要素的关系基础上,在保证设计速度、规划交通量的情况下,确定出适应地形和其他自然条件的主要技术标准、道路的空间位置和几何形状(尺寸)、其他结构物的位置,并处理好道路与周围环境的关系等。

本章主要介绍道路几何设计控制、路线平面设计、纵断面和横断面设计、道路选线与定线方法以及路线工程的展望等内容。

第一节 道路设计阶段和几何设计控制

一、道路设计阶段和任务

道路工程基本建设一般分为三个阶段:前期工作阶段、设计施工阶段和竣工验收试运营阶段,在实施过程中必须严格遵守从设想、选择、评估、决策、设计、施工到竣工验收、投入生产的基本建设程序。

工程可行性研究是前期工作阶段的主要内容,初步设计和施工图设计则是设计施工阶段的主要内容。

1. 道路工程可行性研究

可行性研究是在项目建设前必须进行的各项研究工作的最重要阶段,其主要内容是通过全面的调查研究和工程勘察、测量等工作,进行技术、经济论证,分析、判断建设项目的技术可行性和经济合理性,为工程项目的决策提供依据。待项目建议书批准后,方可进行可行性研究工作,可行性研究视工程的规模一般分两阶段,即初步可行性(预可行性)研究和工程可行性研究,对小型不复杂的工程亦可直接进行工程可行性研究。

2. 道路设计施工阶段

工程可行性研究报告经主管部门审查批准后,即可进入工程建设的第二阶段,即设计施工阶段。根据工程的性质、复杂程度等具体情况,可以采用一阶段设计、两阶段设计和三阶段设计。

一阶段设计即一阶段施工图设计,适用于技术简单、方案明确的小型建设项目。

两阶段设计即初步设计和施工图设计,适用于一般建设项目。

三阶段设计即初步设计、技术设计和施工图设计,适用于技术复杂、基础资料缺乏和不足的建设项目或建设项目中的个别路段、特大桥、互通式立体交叉、隧道等。

二、公路技术标准

公路技术标准是指在一定自然环境条件下能保持车辆正常行驶性能所采用的技术指标体系。公路技术标准反映了我国公路建设的技术方针,是法定的技术要求,公路设计时都应当遵守。《公路工程技术标准》(JTG B01—2014)(以下简称《标准》)对各级公路主要技术指标进行了规定,见表2-1。

各级公路的主要技术指标汇总表　　表2-1

公路等级		高速公路			一级公路			二级公路		三级公路		四级公路	
设计速度(km/h)		120	100	80	100	80	60	80	60	40	30	30	20
车道数(条)		≥4			≥4			2		2		2或1	
车道宽度(m)		3.75	3.75	3.75	3.75	3.75	3.5	3.75	3.5	3.5	3.25	3.0	
停车视距(m)		210	160	110	160	110	75	110	75	40	30	20	
圆曲线半径(m)	一般值	1000	700	400	700	400	200	400	200	100	65	30	
	极限值	650	400	250	400	250	125	250	125	60	30	15	
最大纵坡(%)		3	4	5	4	5	6	5	6	7	8	9	

注:四级公路应采用双车道,交通量小或困难路段可采用单车道。

三、公路设计控制

公路设计从建立设计的基本控制开始,这些控制包括:环境(如地形、公路所处的特定位置、气候)、车辆特性、驾驶员与行人特性、交通元素等。本节主要介绍设计车辆、设计速度、交通量与通行能力、道路限界及用地等设计控制。

1. 设计车辆

设计车辆(Design Vehicles)指道路几何设计所采用的代表车型,以其外廓尺寸、重量、运转特性等特征作为道路几何设计的依据,对道路几何设计具有决定性控制作用。公路设计选用的设计车辆有五类:小客车、大型客车、铰接客车、载重汽车和铰接列车,其外廓尺寸见表2-2。

设计车辆外廓尺寸(单位:m)　　　　表2-2

车辆类型	总长	总宽	总高	前悬	轴距	后悬
小客车	6	1.8	2	0.8	3.8	1.4
大型客车	13.7	2.55	4	2.6	6.5+1.5	3.1
铰接客车	18	2.5	4	1.7	5.8+6.7	3.8
载重汽车	12	2.5	4	1.5	6.5	4
铰接列车	18.1	2.55	4	1.5	3.3+11	2.3

注:铰接列车的轴距(3.3+11)m;3.3m为第一轴至铰接点的距离;11m为铰接点至最后轴的距离。

2. 设计速度

设计速度(Design Speed)是指为确定公路设计指标并使其相互协调的设计基准速度。设计速度直接影响曲线半径、缓和曲线最小长度、超高、视距、纵坡和竖曲线半径等技术指标。车道宽度、中间带宽度、路肩宽度等指标也与设计速度有密切关系。

《标准》对各级公路规定了不同的设计速度分档,见表2-1。公路设计中应根据公路的功能、等级及交通组成,结合沿线地形、地物、地质状况等,经论证后确定合适的设计速度。

3. 交通量与通行能力

(1) 规划交通量

交通量是指单位时间内通过道路某一断面的车辆数,其普遍计量单位是年平均日交通量,用全年总交通量除以365而得。规划交通量(也称设计交通量)是指拟建道路到预测年限时所能达到的年平均日交通量(辆/日)。

(2) 设计小时交通量

设计小时交通量(辆/小时)是以小时为计算时段的交通量,是确定车道数和车道宽度或评价服务水平的依据。目前,包括我国在内的世界许多国家都采用第30位小时交通量作为设计的依据,也可根据当地调查结果采用第20~40位小时之间最为经济合理的时位。

(3) 标准车型与车辆折算系数

道路上行驶的车辆种类较多,其速度、行驶规律以及占用道路的净空差异较大,但作为道路设计的交通量应折算成某一种标准车型。我国《标准》规定标准车型为小客车,用于道路规划与技术等级划分的各汽车代表车型及车辆折算系数按表2-3采用。

各汽车代表车型及车辆折算系数　　　　表2-3

车型编号	代表车型	折算系数	说　　明
1	小客车	1.0	座位≤19座的客车和载质量≤2t的货车
2	中型车	1.5	座位>19座的客车和2t<载质量≤7t的货车
3	大型车	2.5	7t<载质量≤20t的货车
4	汽车列车	4.0	载质量>20t的货车

(4)通行能力

道路通行能力(Capacity)是指某一路段最大所能承受的交通量,也称道路容量,以单位时间内通过的最大车辆数表示(辆/小时)。对于多车道的道路为一条车道通过的车辆数,对于双车道为往返车道合计车辆数。道路设计通行能力是经过对基本通行能力、可能通行能力的诸多修正后得到的。

4.道路建筑限界与道路用地

(1)道路建筑限界

道路建筑限界又称净空,由净高和净宽两部分组成。它是为保证道路上各种车辆、人群的正常通行与安全,在一定高度和宽度范围内不允许有任何障碍物侵入的空间界线。

(2)道路用地

道路用地是指道路修建、养护及布设沿线各种设施等所需要占用的土地。道路用地必须按国家有关政策办理征地手续。在道路用地范围内不得修建非路用建筑物,如开挖渠道,埋设管道、电缆、电杆及其他设施。

第二节 平面设计

一、路线

路线(Highway Alignment)是指道路中线的空间位置。路线在水平面上的投影称作路线的平面,如图2-1所示。沿中线竖直剖切再行展开则是路线的纵断面;中线上任一点法向切面是道路在该点的横断面。路线设计是指确定路线空间位置和各部分几何尺寸的工作,包括路线平面设计(Horizontal Alignment Design)、纵断面设计(Profile Design)和横断面设计(Corss Section Design)。

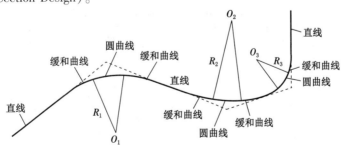

图2-1 路线的平面

现代道路平面线形是由直线、圆曲线和缓和曲线构成的,称之为平面线形三要素。

二、直线

1. 直线的特点

作为平面线形要素之一的直线,在道路设计中被广泛采用。因为两点间直线最短,一般在定线时,只要地势平坦、无大的地物障碍,定线人员首先应考虑采用直线通过,且笔直的道路给人以短捷、直达的良好印象。

2. 直线的最大长度

直线的长度不宜过长,在长直线的应用上应有条件地加以限制。我国地域辽阔,地形差异较大,对直线长度很难作出统一规定。因此,我国现行的《标准》和《公路路线设计规范》(JTG D20—2017)(以下简称《规范》)中均未对直线的最大长度规定具体数值。

3. 直线的最小长度

考虑到线形的连续和驾驶的方便,相邻两曲线之间应有一定的直线长度。这个长度是指前一曲线的终点到后一曲线的起点之间的距离。

(1) 同向曲线间直线的最小长度

同向曲线是指两个转向相同的圆曲线中间用直线或缓和曲线衔接,或两圆曲线径相连接(径相连接指两个半径不同的圆曲线在其径向所指公切点处直接连接)而成的平面线形,如图2-2a)所示。图中 JD_1、JD_2 代表交点编号,A_1、A_2 为回旋线参数,T_1 和 T_2 分别为两个曲线的切线长,R、R_1、R_2 均表示半径,同向曲线间的直线较短时,在视觉上容易产生错觉。这种同向曲线间插入短直线的曲线组合,通常被称为断背曲线。

《规范》规定:当设计速度≥60km/h 时,同向圆曲线间的直线最小长度(以 m 计)以不小于设计速度(以 km/h 计)的 6 倍为宜。对低速道路($V≤40$km/h)可参考执行。

(2) 反向曲线间直线的最小长度

反向曲线是指两个转向相反的圆曲线之间以直线或缓和曲线衔接,或两圆曲线径相连接而成的平面线形,如图2-2b)所示。

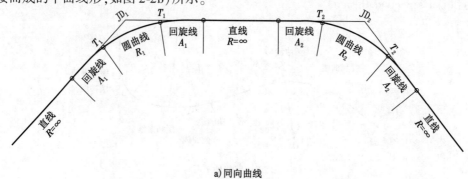

a) 同向曲线

图 2-2

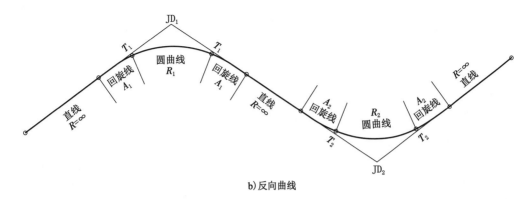

b)反向曲线

图 2-2 曲线间的直线

《规范》规定:当设计速度≥60km/h 时,反向圆曲线间的直线最小长度(以 m 计)以不小于设计速度(以 km/h 计)的 2 倍为宜。

三、圆曲线

圆曲线是平面线形中常用的线形要素。《规范》规定,各级公路不论转角大小均应设置圆曲线。

1. 圆曲线的最小半径

我国《标准》根据不同横向力系数及超高值,对不同等级的公路规定了圆曲线最小半径的极限值、一般值和不设超高的最小半径。

(1)圆曲线最小半径(极限值)

圆曲线最小半径(极限值)是指为保证车辆按设计速度安全行驶所规定的圆曲线半径最小值,见表 2-4。设计中,常采用 8% 超高的圆曲线最小半径(极限值)。

(2)圆曲线最小半径(一般值)

圆曲线最小半径(一般值)是指各级公路对按设计速度行驶的车辆能保证其安全、舒适的圆曲线半径最小值,见表 2-1。圆曲线最小半径(一般值)是在通常情况下推荐采用的最小半径。

(3)不设超高最小半径

不设超高最小半径是指不必设置超高就能满足行驶稳定性的圆曲线最小半径,见表 2-4。

圆曲线最小半径 表 2-4

设计速度(km/h)		120	100	80	60	40	30	20
最大超高	10%	570	360	220	115	—	—	—
	8%	650	400	250	125	60	30	15
	6%	710	440	270	135	60	35	15
	4%	810	500	300	150	65	40	20

续上表

设计速度(km/h)		120	100	80	60	40	30	20
不设超高最小半径(m)	路拱≤2.0%	5500	4000	2500	1500	600	350	150
	路拱>2.0%	7500	5250	3350	1900	800	450	200

2. 圆曲线的最大半径

选用圆曲线半径时,在地形等条件允许的前提下,应尽量采用大半径曲线,使行车舒适。但半径过大,对测设和施工都不利,且过大半径,其几何性质与直线无多大差异。《规范》规定,圆曲线最大半径值不宜超过10000m。

3. 圆曲线的最小长度

汽车在曲线线形的道路上行驶时,如果曲线很短,则驾驶员会因操作方向盘频繁而紧张,这在高速行驶的情况下是危险的。在平曲线设计时,圆曲线的最小长度一般要有3s行程。

四、缓和曲线

缓和曲线是道路平面线形的要素之一,它是设置在直线与圆曲线之间或半径相差较大的两个转向相同的圆曲线之间的一种曲率连续变化的曲线。缓和曲线的主要作用表现在:①曲率连续变化,便于车辆遵循;②离心加速度逐渐变化,旅客感觉舒适;③超高及加宽逐渐变化,行车更加平稳;④与圆曲线配合,增加线形美观。

1. 缓和曲线的形式

《规范》规定,我国公路设计中,缓和曲线采用回旋线(Spiral)。回旋线是曲率随曲线长度成比例变化的曲线。

2. 缓和曲线的最小长度及参数

(1)缓和曲线的最小长度

由于车辆要在缓和曲线上完成不同曲率的过渡行驶,缓和曲线应有足够的长度,以使驾驶员能从容地打方向盘、乘客感觉舒适、线形美观流畅,圆曲线上的超高和加宽的过渡也能在缓和曲线内平顺完成。根据影响缓和曲线长度的各项因素,《标准》制定了各级公路缓和曲线最小长度,见表2-5。

各级公路缓和曲线最小长度 表2-5

设计速度(km/h)	120	100	80	60	40	30	20
缓和曲线最小长度(m)	100	85	70	50	35	25	20

(2)缓和曲线参数 A 值

缓和曲线参数 A 值决定了回旋线曲率变化的缓急程度。缓和曲线参数应与圆曲线半径相协调,研究认为:缓和曲线参数 A 与连接的圆曲线半径之间,只要保持 $R/3 \leqslant A \leqslant$

R,便可获得视觉上协调、舒顺的线形。

五、平面线形要素组合设计

由平面线形的三要素(直线、圆曲线和缓和曲线)可得到多种平面线形的组合形式。对道路平面线形设计,主要有基本形、S形、卵形、C形和回头曲线等。

1. 基本形曲线

如图 2-3 所示,平曲线按直线-回旋线(A_1)-圆曲线-回旋线(A_2)-直线顺序的组合形式称为基本形曲线。

2. S 形曲线

如图 2-4 所示,两个反向圆曲线用两段反向回旋线连接的组合形式称为 S 形曲线。

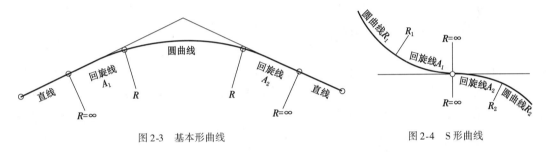

图 2-3　基本形曲线　　　　图 2-4　S 形曲线

3. 卵形曲线

如图 2-5 所示,用一个回旋线连接两个同向圆曲线的组合形式称为卵形曲线。

4. C 形曲线

如图 2-6 所示,两同向回旋线在曲率为零处径相连接的组合形式称为 C 形曲线。

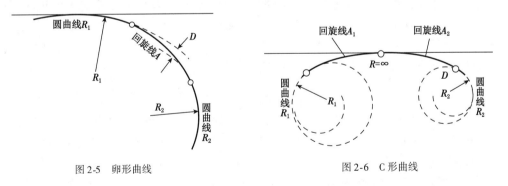

图 2-5　卵形曲线　　　　图 2-6　C 形曲线

5. 回头曲线

如图 2-7 所示,山区道路为克服高差,在同一坡面上转角接近或大于180°,由主曲线和辅曲线组合的形式称为回头曲线。图中 R_0、R_1 和 R_2 表示圆曲线,A_0、A_1 和 A_2 表示回旋线。

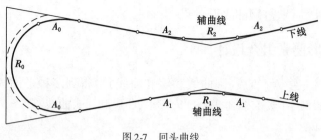

图 2-7　回头曲线

第三节　纵断面设计

一、纵断面设计的基本概念

道路铺设的地表面是高低起伏变化的,当这种起伏不大时,道路可以顺应地形修建。当起伏剧烈,不能满足汽车的动力性能和平稳性要求时,就需要对道路经过的区域进行填挖处理(包括修建桥隧等构造物),以保证汽车行驶的安全和快速,同时还要考虑处理的经济性且不对环境造成大的破坏等诸多要求。纵断面图(图 2-8)是道路纵断面设计的主要成果,也是道路设计的技术文件之一。把道路的纵断面图与平面图结合起来,就能准确地定出道路的空间位置。

1. 纵断面图的组成

所谓纵断面即沿着道路中线竖直剖切然后展开的立面投影。在纵断面图中有两条主要的线:一条是地面线,它是根据中线上各桩点的高程而点绘的一条不规则的折线,对于新建道路而言,地面线反映了沿着中线地面的起伏变化情况;另一条是设计线,它是经过技术上、经济上以及美学上等多方面比较后定出来的,具有规则形状的几何线形,反映了路线的起伏变化状况以及路线的纵向设计坡度和竖曲线。

2. 纵断面设计中的几点规定

纵断面设计线是由直线和竖曲线组成的。直线(即均匀坡度线)有上坡和下坡,用坡度和水平长度表示,不计斜长。在直线的坡度转折处为平顺过渡要设置竖曲线,按坡度转折形式的不同,竖曲线有凹有凸,其大小用半径和水平长度表示。

一般而言,对于路线纵断面图上的路基设计高程有以下规定:

新建公路的路基设计高程:高速公路和一级公路采用中央分隔带的外侧边缘高程;二、三、四级公路采用路基边缘高程,在设置超高、加宽地段为设超高、加宽前该处边缘高程。

改建公路的路基设计高程:宜按新建公路的规定执行,也可视具体情况而采用中央分隔带中线或行车道中线高程。

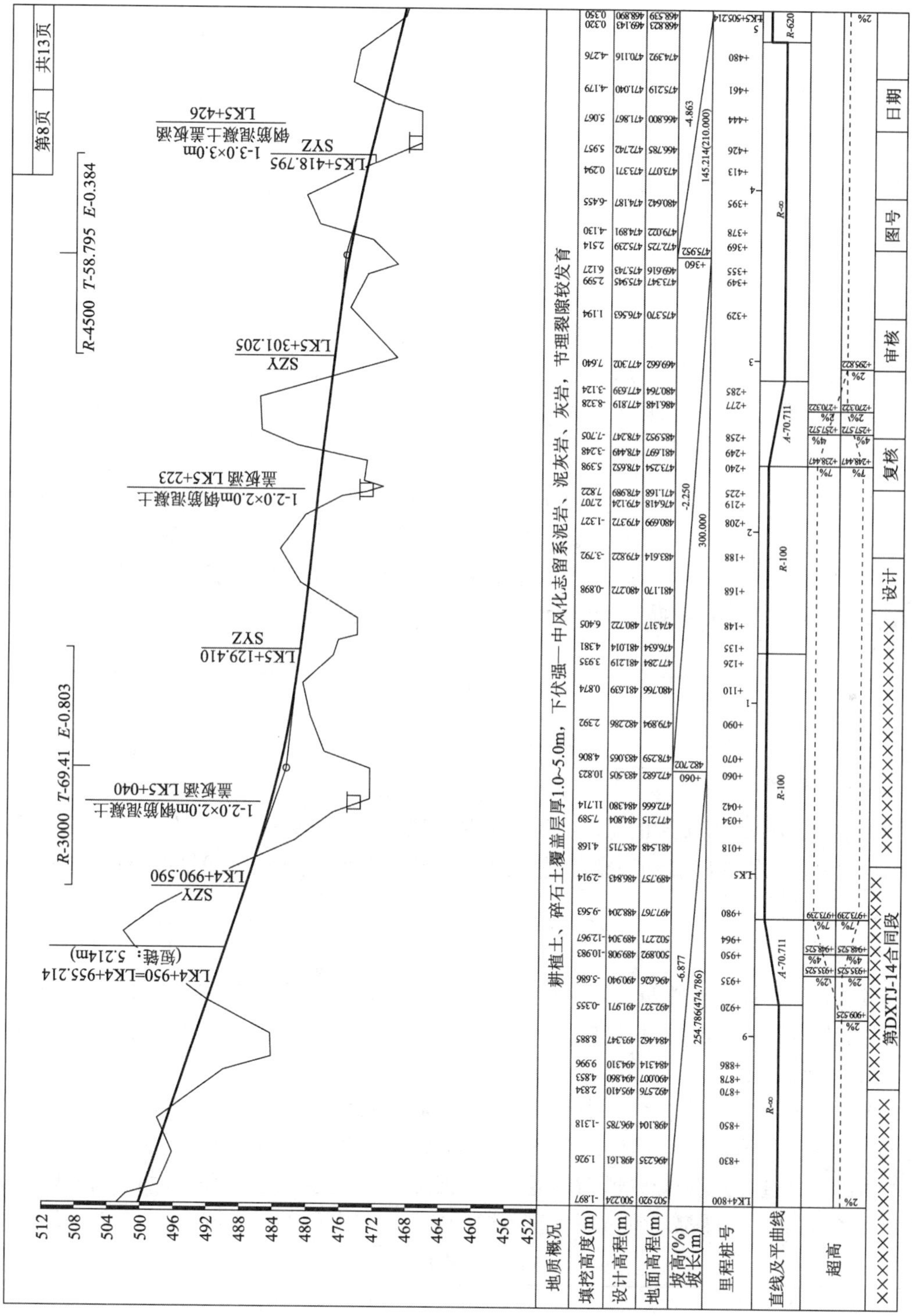
第8页 共13页
R-4500 T-58.795 E-0.384
R-3000 T-69.41 E-0.803
LK4+950=LK4+955.214
(短链：5.214m)
SZY
LK4+990.590
1-2.0×2.0m钢筋混凝土
盖板涵 LK5+040
SYZ
LK5+129.410
1-2.0×2.0m钢筋混凝土
盖板涵 LK5+223
SZY
LK5+301.205
SYZ
LK5+418.795
1-3.0×3.0m
钢筋混凝土盖板涵
LK5+426
耕植土、碎石土覆盖层厚1.0~5.0m，下伏强—中风化志留系泥岩、泥灰岩、灰岩，节理裂隙较发育
地质概况
填挖高度(m)
设计高程(m)
地面高程(m)
坡高(%)
坡长(m)
里程桩号
直线及平曲线
超高
第DXTJ-14合同段
设计
复核
审核
图号
日期
图2-8 路线纵断面图

3. 纵断面设计的主要任务

纵断面设计的主要任务是根据汽车的动力特性、道路的功能和等级、地形、地质、水文及其他自然环境的限制，综合考虑工程的技术要求和经济性等诸多因素，合理确定坡度、坡长和竖曲线半径，并进行纵断面和平面的组合设计，以便达到行车安全、环保、快速、经济合理及乘客感觉舒适的目的。

二、纵坡设计

1. 最大纵坡

最大纵坡是指在纵坡设计时各级道路允许采用的最大坡度值。它是道路纵断面设计的重要控制指标。在地形起伏较大地区，直接影响路线的长短、使用质量、运输成本及造价。我国《标准》规定的各级公路最大纵坡见表2-1。

2. 高原纵坡折减

在高海拔地区，因空气密度下降而使汽车发动机功率、汽车的驱动力以及空气阻力降低，导致汽车的爬坡能力下降。汽车水箱中的水易于沸腾而破坏冷却系统。《规范》规定：设计速度小于或等于80km/h位于海拔3000m以上的高原地区，各级公路的最大纵坡应按表2-6的规定予以折减。折减后若小于4%，则仍采用4%。

高原纵坡折减值　　　　　　　　　　　　　表2-6

海拔高度(m)	3000~4000	>4000~5000	>5000
折减值(%)	1	2	3

3. 最小纵坡

在挖方路段、设置边沟的低填方路段和其他横向排水不畅的路段，为了保证排水，防止水渗入路基而影响路基的稳定性，应设置不小于0.3%的纵坡(一般情况下以采用不小于0.5%为宜)。

4. 坡长限制

坡长是纵断面上相邻两变坡点间的长度。坡长限制，主要是对一般纵坡的最小长度和较陡纵坡的最大长度加以限制。

(1) 最小坡长

纵断面上若变坡点过多，从行车来看，纵向起伏变化频繁。这会使车辆行驶颠簸频繁，车速越高表现越明显，影响了行车的舒适和安全；从线形几何构成来看，相邻变坡点之间的距离不宜过短，以免出现所谓的驼峰式纵断面。因此从行车的平顺性和几何线形的连续性角度出发，纵坡都不宜过短。《标准》规定了各级公路的最小坡长，如表2-7所示。

各级公路最小坡长　　　　　　　　　　　　　表2-7

设计速度(km/h)	120	100	80	60	40	30	20
最小坡长(m)	300	250	200	150	120	100	60

（2）最大坡长

长距离的陡坡对汽车行驶很不利,特别是当纵坡为5%以上时。汽车上坡时克服坡度阻力,采用低速档行驶,坡长过长,长时间使用低速档行驶,使发动机过热,水箱沸腾,行驶无力;而下坡时,则因坡度过陡、坡段过长车辆频繁制动,易出现制动失效,造成交通事故,影响行车安全。在高速道路以及快慢车混合行驶的道路上,坡度大、坡长过长会影响行车速度和通行能力,因此对纵坡长度也必须加以限制。我国《标准》规定了各级公路的最大坡长,如表2-8所示。

各级公路纵坡长度限制　　　　　表2-8

纵坡坡度(%)	设计速度(km/h)						
	120	100	80	60	40	30	20
3	900	1000	1100	1200			
4	700	800	900	1000	1100	1100	1200
5		600	700	800	900	900	1000
6			500	600	700	700	800
7					500	500	600
8						300	400
9							200

5.缓和坡段

各级公路的连续上坡路段,应根据载重汽车上坡时的速度折减变化,在不大于表2-8规定的纵坡长度之间设置缓和坡段。

设计速度小于或等于80km/h时,缓和坡段的纵坡应不大于3%;设计速度大于80km/h时,缓和坡段的纵坡应不大于2.5%。

设置缓和坡段的目的在于为载重汽车提供一个能够加速的纵坡条件,使其行驶速度能够恢复到容许速度以上,并能够继续以不低于容许最低速度的实际速度通行。

6.平均纵坡

平均纵坡是指在一定长度路段内,路线在纵向所克服的高差值与该路段的距离之比。它是衡量纵断面线形质量的一个重要指标。

为了合理地运用最大纵坡、坡长限制和缓和坡段的规定,保证纵坡均衡匀顺,确保行车安全和舒适,《规范》规定:二、三、四级公路的越岭路线连续上坡或下坡路段,相对高差为200~500m时,平均纵坡应不大于5.5%;相对高差大于500m时,平均纵坡应不大于5%。任意连续3km路段的平均纵坡宜不大于5.5%。

高速公路、一级公路连续长、陡下坡路段的平均坡度与连续坡长不宜超过《规范》的相关规定;超过时,应进行交通安全性评价,采取相应的措施。

7.合成坡度

合成坡度是指在设有超高的平曲线上,路线纵坡与超高横坡所组成的坡度。当纵坡大而平曲线半径小时,合成坡度大,由于合成坡度的影响而使汽车重心发生偏移,给汽车行驶带来危险。我国《标准》规定:在设有超高的平曲线上,纵坡与超高横坡的合成坡度不得超过表 2-9 的规定,在积雪或冰冻地区,合成坡度值不应大于 8%。

各级公路的合成坡度　　　　表 2-9

设计速度(km/h)	120	100	80	60	40	30	20
合成坡度(%)	10.0	10.0	10.5	10.0	10.0	10.0	10.0

为了保证路面排水,《规范》还规定各级公路的最小合成坡度不宜小于 0.5%;当合成坡度小于 0.5% 时,应采取综合排水措施,以保证路面排水畅通。

三、竖曲线

纵断面上两个坡段的转折处,为了满足行车安全、舒适以及视距的要求,用一段曲线缓和,称为竖曲线。竖曲线的线形有用圆曲线的,也有用抛物线的。通常在设计上采用二次抛物线作为竖曲线。

设变坡点相邻两直坡段坡度分别为 G_1 和 G_2,长度用 L 表示。它们的代数差用 ω 表示,$\omega = G_2 - G_1$,当 ω 为"−"时,表示凸形竖曲线(Sag Curves);当 ω 为"+"时,表示凹形竖曲线(Crest Curves),见图 2-9。

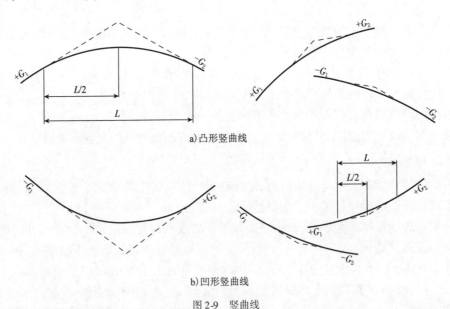

a) 凸形竖曲线

b) 凹形竖曲线

图 2-9　竖曲线

在纵断面设计中,竖曲线的设计受众多因素的限制,根据缓和冲击、行驶时间及视距要求三个限制因素,可计算出各设计速度时的竖曲线最小半径和最小长度(表 2-10)。

竖曲线最小半径与竖曲线长度　　　　　　表 2-10

设计速度(km/h)		120	100	80	60	40	30	20
凸形竖曲线最小半径(m)	一般值	17000	10000	4500	2000	700	400	200
	极限值	11000	6500	3000	1400	450	250	100
凹形竖曲线最小半径(m)	一般值	6000	4500	3000	1500	700	400	200
	极限值	4000	3000	2000	1000	450	250	100
竖曲线最小长度(m)	一般值	250	210	170	120	90	60	50
	极限值	100	85	70	50	35	25	20

四、道路平、纵线形组合设计

道路线形设计是从道路选线、定线开始,最终以平、纵、横面所组成的立体线形反映于驾驶员的视觉上。平、纵线形组合是指在满足汽车运动学和力学要求前提下,研究如何满足视觉和心理方面的连续、舒适,与周围环境相协调的要求,并有良好的排水条件。

平、纵线形组合设计的总要求是:对于设计速度≥60km/h 的道路,必须注意平、纵面的合理组合,尽量做到线形连续、指标均衡、视觉良好、景观协调、安全舒适。对于设计速度≤40km/h 的道路,首先应在保证行车安全的前提下,正确地运用线形要素指标,在条件允许的情况下力求做到各种线形要素的合理组合,并尽量避免和减少不利的组合。

道路平、纵线形组合设计应遵循以下原则:

(1)应在视觉上能自然地引导驾驶员的视线,并保持视觉的连续性。任何使驾驶员感到茫然、迷惑和判断失误的线形,必须尽力避免。在视觉上能自然地诱导视线,是衡量平、纵线形组合合理的最基本要求。

(2)注意保持平、纵线形的技术指标大小的均衡。它不仅影响线形的平顺性,而且与工程费用相关。对于纵断面线形反复起伏,在平面上采用高标准的线形是无意义的。反之亦然。

(3)选择组合得当的合成坡度,以利于路面排水和行车安全。

(4)注意与道路周围环境的配合。它可以减轻驾驶员的疲劳和紧张程度,并可起到引导视线的作用。

五、纵断面设计的方法步骤和应注意的问题

路线纵断面设计主要是指纵坡设计和竖曲线设计。在室内进行纵断面设计时,设计人员一般要根据实地选(定)线时的意图,以及桥涵、地质等方面对路线纵断面设计的要求,综合考虑工程技术与工程经济因素,定出路线的纵坡,再选择合适的竖曲线半径,最后才计算出各桩号的设计高程和填挖值。其方法和步骤可归纳为以下几点:

1. 拉坡前的准备工作

内业设计人员在熟悉有关设计标准的基础上,首先在纵断面图上点绘出每个中桩的

位置、平曲线示意图(起、讫点位和半径等),写出每个中桩的地面高程,并绘出地面线。

2. 标注控制点位置

所谓控制点,是指影响路线纵坡设计的高程控制点。如路线起、讫点的接线高程,越岭垭口、大中桥涵、地质不良地段的最小填土高度和最大挖方深度,沿溪线的洪水位,隧道进、出口,路线交叉点,重要城镇通过点,以及其他路线高程必须通过的控制点位等,都应作为纵断面设计的控制依据。对于山区公路,还应根据路基填挖平衡要求来选择控制路中心处填挖的高程点,称之为"经济点"。

3. 试坡

试坡主要是在已标出"控制点"和"经济点"的纵断面图上,根据技术标准、选线意图,结合地面起伏情况,本着以"控制点"为依据,照顾多数"经济点"的原则,通过多次优选确定初步坡度线。

4. 调整

试定纵坡后,首先将所定的坡度与选(定)线时考虑的坡度进行比较,两者应基本符合。若有较大差异,则应全面分析,找出原因,然后对照《标准》检查设计的最大纵坡、合成坡度、坡长限制等是否超过规定限值,以及平面线形与纵面线形的配合是否适宜等。若发现有问题,应进行调整。

5. 核对

根据调整后的坡度线,选择有控制意义的重点横断面,如高填深挖、陡峭山坡路基、挡土墙、重要桥涵等断面,在纵断面图上直接读出对应中桩的填(挖)高度,然后按该填(挖)值用"模板"在横断面图上"戴帽子"。检查是否有填挖过大、坡脚落空或挡土墙工程过大等情况。若发现有问题,应及时调整纵坡。

6. 定坡

纵坡设计在经调整核对无误后即可定坡。所谓定坡,就是逐段把坡度线的坡度值、变坡点位置(桩号)和高程确定下来。变坡点一般要调整到 10m 整桩位上,变坡点的高程则是根据坡度、坡长依次计算确定的。

第四节　横断面设计

道路横断面是指中线上任意一点的法向切面,它由横断面设计线和地面线组成。其中设计线包括行车道、路肩、分隔带、边沟、边坡、截水沟、护坡道以及取土坑、弃土堆、环境保护设施等。地面线是表征地面起伏变化的线,它是通过现场实测或由大比例尺地形图、航测像片、数字地面模型等途径获得。路线设计研究的横断面设计只限于与行车直接有关的路幅部分,即两侧路肩外缘之间各组成部分的宽度、横向坡度等问题。

一、道路横断面组成及类型

1. 公路横断面组成

对等级高、交通量大的公路(如高速公路、一级公路),通常是将上、下行车辆分开。分隔的方式有两种:一种是用等宽同高的分隔带分隔,另一种是将上、下行车道放在不同的平面上分隔。前者称作整体式断面,后者称作分离式断面。整体式断面包括行车道、中间带、路肩以及紧急停车带、爬坡车道、避险车道、变速车道等组成部分,而分离式断面不包括中间带。不设分隔带的整体式断面(如二、三、四级公路)包括行车道、路肩以及错车道等组成部分。城郊混合交通量大,实行快、慢车道分开的路段,其横断面组成还包括人行道、自行车道等,应根据实际情况选用。

公路典型横断面组成如图 2-10 所示。

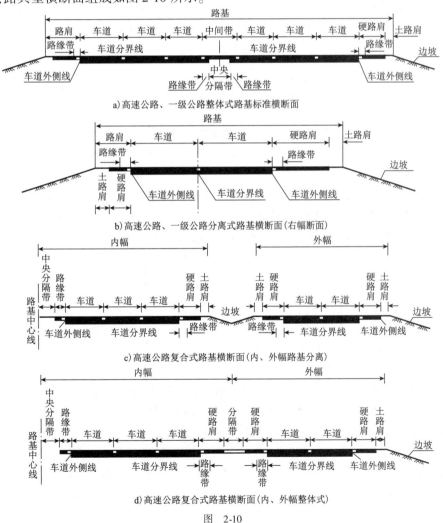

图 2-10

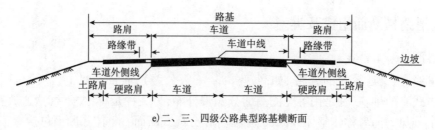

e) 二、三、四级公路典型路基横断面

图 2-10 公路典型横断面的组成

2. 公路横断面类型

(1) 单幅双车道

单幅双车道公路是指整体式供双向行车的双车道公路。在我国公路总里程中双车道占的比重最大,适用于二、三级公路和一部分四级公路。这类公路适应的交通量范围大,最高达 15000 辆小客车/日。设计速度范围从 20km/h 至 80km/h。对混合行驶相互干扰较大的路段,可设专用非机动车道和人行道,与机动车分离行驶。

(2) 双幅多车道

双幅多车道公路是指设分隔带的或分离的四车道及其以上的多车道公路。有些分离式路基为利用地形或处于风景区等,甚至做成两条独立的单向行车公路。此类公路适应车速高、通行能力大,每条车道能担负的交通量比一条双车道公路还多,且行车顺适、事故率低,但造价高。双幅多车道适用于高速公路和一级公路。

(3) 单车道

单车道公路是指交通量小、地形复杂、工程艰巨的山区公路或地方道路采用设错车道的单车道公路,适用于地形困难的四级公路。为满足错车的需要,应在不大于 300m 的距离内选择有利地点设置错车道,使驾驶员能看到相邻错车道之间的车辆。

3. 城市道路横断面组成及类型

城市道路上供各种车辆行驶的部分统称为行车道。在行车道断面上,供汽车、无轨电车、摩托车等行驶的部分称为机动车道;供自行车、三轮车、板车等行驶的部分称为非机动车道。此外,还有供行人步行使用的人行道和分隔各种车道(或人行道)的分隔带及绿带。

城市道路常见的几种断面形式如下:

①单幅路:俗称"一块板"断面。各种车辆在行车道上混合行驶。

②双幅路:俗称"两块板"断面。在行车道中心用分隔带或分隔墩将行车道分为两部分,上、下行车辆分向行驶,各向视需要可划分快、慢车道。

③三幅路:俗称"三块板"断面。中间为双向行驶的机动车道,两侧为靠右侧行驶的非机动车道。机动车道和非机动车道之间用分隔带或分隔墩分隔。

④四幅路:俗称"四块板"断面。在三幅路的基础上,再用中间带将机动车道一分为二,分向行驶。

二、道路横断面要素

1. 行车道宽度与专用车道宽度

机动车道(Lanes)宽度是为了保障车辆安全、顺适通行所需的车道几何宽度。车道宽度是根据设计车辆的最大宽度,加上错车、超车所必需的余宽确定的;车道宽度与设计速度相关,速度越高所需要的宽度越大。一条道路所需的机动车道总宽度根据设计车辆宽度、设计交通量、交通组成和汽车行驶速度确定。《标准》规定的各级公路车道宽度,见表2-1。

专用车道主要有爬坡车道、变速车道、错车道、避险车道、紧急停车带、港湾式停靠站等。这些专用车道的定义、作用及设计要点参见相关文献。《标准》对车道或行车道宽度的规定为:爬坡车道、变速(加速或减速)车道的车道宽度采用3.50m,错车道路段的行车道宽度不小于5.50m,避险车道的宽度应不小于4.50m,紧急停车带宽度为5.00m,公交汽车港湾式停靠站的宽度应为3.00m。

2. 路肩的作用及其宽度

位于行车道外缘至路基边缘具有一定宽度的带状部分称为路肩。各级公路都要设置路肩,其作用是:①保护及支撑路面结构;②供临时停车之用;③作为侧向余宽的一部分,能增加驾驶的安全和舒适感,尤其在挖方路段,可增加弯道视距,减少行车事故;④提供道路养护作业、埋设地下管线的场地;⑤对未设人行道的道路,可供行人及非机动车使用。

路肩从构造上可分为硬路肩、土路肩。硬路肩是指进行了铺装的路肩,可承受汽车荷载的作用力,在混合交通的公路上便于非机动车、行人通行。土路肩是指不加铺装的土质路肩,起保护路面和路基的作用,并提供侧向余宽。

道路一般应设右路肩,对高速公路、一级公路当采用分离式断面时,行车道左侧应设左路肩。公路的路肩宽度根据条件可采用2.25m、2.0m、1.75m、1.50m、1.00m、0.75m、0.50m。

3. 路拱横坡度

为利于路面横向排水,将路面做成中央高于两侧具有一定横坡的拱起形状,称为路拱。其倾斜的大小以百分率表示,一般为1.5%～2.0%。路拱的形式有抛物线形、直线形、直线接抛物线形、折线形等。

土路肩的排水性低于路面,其横坡度较路面宜增大1.0%～2.0%。硬路肩视具体情况(材料、宽度)可与路面横坡相同,也可稍大。

4. 中间带

四条及四条以上车道的道路应设置中间带。中间带由两条左侧路缘带和中央分隔带组成。中间带的作用是:

(1)分隔上、下行车流,防止车辆驶入对向车道,减少道路交通干扰,提高通行能力和行车安全。

(2)可作为设置道路标志及其他交通管理设施的场地,也可作为行人过街的安全岛。

(3)一定宽度的中间带并种植花草灌木或设防眩网,可防对向车灯眩目,还可起到美化路容和环境的作用。

(4)设于中央分隔带两侧的路缘带,有一定宽度且颜色醒目,能引导驾驶员视线,增加行车侧向余宽,提高行车的安全性和舒适性。

《标准》规定的最小中间带宽度根据公路等级、地形条件在2.00~4.50m之间,城市道路规定与公路基本相同。

5. 爬坡车道

爬坡车道(Climbing Lanes)是陡坡路段正线行车道上坡方向右侧增设的供载重汽车行驶的专用车道。高速公路、一级公路及双车道二级公路纵坡长度受限制的路段,应对载重汽车上坡行驶速度的降低值和通行能力进行验算,可在上坡方向车道右侧设置爬坡车道,如图2-11所示。

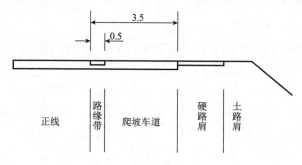

图2-11 爬坡车道横断面组成(尺寸单位:m)

6. 避险车道

避险车道(Emergency Ramp)是在长陡坡路段正线行车道下坡方向右侧为失控车辆增设的专用车道。为防止连续长、陡下坡路段车辆在行驶中速度失控而造成事故,应考虑在山岭地区长、陡下坡路段的右侧山坡上的适当位置设置避险车道。

三、平曲线加宽设计

平曲线加宽(Widening on Horizontal Curves)是指为满足汽车在平曲线上行驶时后轮轨迹偏向曲线内侧的需要,平曲线内侧相应增加的路面、路基宽度。

1. 平曲线加宽值

汽车行驶在圆曲线上,各轮迹半径不同,其中后内轮轨迹半径最小,且偏向曲线内侧,故曲线内侧应增加路面宽度,以确保圆曲线上行车的安全与顺适。

根据三种标准车型,轴距加前悬的长度分别为5m、8m和5.2m+8.8m,分别计算并整理,可得不同半径对应的三类加宽值。《规范》规定的双车道公路圆曲线加宽值见表2-11。

双车道公路圆曲线加宽值 表2-11

加宽类型	汽车轴距加前悬(m)	圆曲线半径(m)							
		250~200	<200~150	<150~100	<100~70	<70~50	<50~30	<30~25	<25~20	<20~15
1	5	0.4	0.6	0.8	1.0	1.2	1.4	1.8	2.2	2.5
2	8	0.6	0.7	0.9	1.2	1.5	2.0			
3	5.2+8.8	0.8	1.0	1.5	2.0	2.5				

2. 加宽的过渡

加宽过渡段是为使路面由直线上的正常宽度过渡到圆曲线上设置了加宽的宽度,而设置的宽度变化段。以上加宽值为圆曲线内等值最大加宽(也称全加宽),而直线上不加宽,在加宽过渡段内,路面宽度逐渐过渡变化。加宽过渡的设置根据道路性质和等级可采用不同方法。

四、平曲线超高设计

1. 超高及超高过渡段的定义

为抵消或减小车辆在平曲线路段上行驶时所产生的离心力,在该路段横断面上做成外侧高于内侧的单向横坡形式,称为平曲线超高(Superelevation on Horizontal Curves)。从直线段的双向路拱横坡渐变到圆曲线段具有单向横坡的路段,称作超高过渡段。

2. 超高过渡方式

(1) 无中间带道路的超高过渡

若超高值等于路拱横坡度,路面由直线上双向倾斜路拱形式过渡到圆曲线上具有超高的单向倾斜形式,只需行车道外侧绕中线逐渐抬高,直至与内侧横坡相等为止。

当超高值大于路拱横坡度时,可分别采用以下三种过渡方式:

①绕内边线旋转

先将外侧车道绕路中线旋转,待达到与内侧车道构成单向横坡后,整个断面再绕未加宽前的内侧车道边线旋转,直至超高值[图2-12a)]。

②绕中线旋转

先将外侧车道绕路中线旋转,待达到与内侧车道构成单向横坡后,整个断面仍绕中线旋转,直至超高值[图2-12b)]。

③绕外边线旋转

先将外侧车道绕外边线旋转,内侧车道随中线的降低而降低,待达到单向横坡后,整个断面仍绕外侧车道边线旋转,直至超高值[图2-12c)]。

(2) 有中间带道路的超高过渡

主要有绕中央分隔带中线旋转、绕中央分隔带边线旋转、绕各自行车道中线旋转三种方式。绕中央分隔带边线旋转最为常用,即将两侧行车道分别绕中央分隔带边线旋转,使各自成为独立的单向超高断面,此时中央分隔带维持原水平状态(图2-13)。

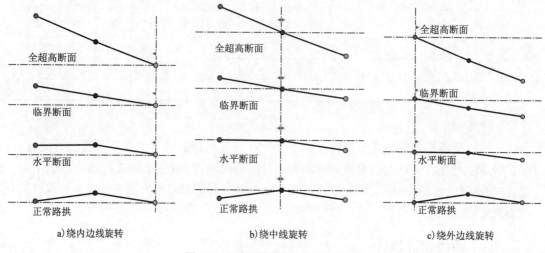

图 2-12　无中间带道路的超高过渡方式

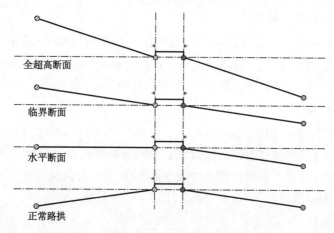

图 2-13　绕中央分隔带边线旋转的超高过渡方式

3. 超高过渡段长度

为行车舒适、路容美观和排水通畅,必须设置一定长度的超高过渡段,超高过渡是在超高过渡段全长范围内进行。

五、行车视距

为行车安全,驾驶员应能随时看到汽车前方相当远的一段路程,一旦发现前方路面上有障碍物或迎面来车,能及时采取措施,避免相撞,这一必需的最短距离称为行车视距(Sight Distance)。行车视距是否充分,直接关系到行车的安全与迅速,是道路使用质量的重要指标之一。在道路平面上的暗弯(处于挖方路段的平曲线和内侧有障碍物的平曲线)、纵断面上的凸形竖曲线以及下穿式立体交叉的凹形竖曲线上都有可能存在视距不足的问题,如图2-14所示。

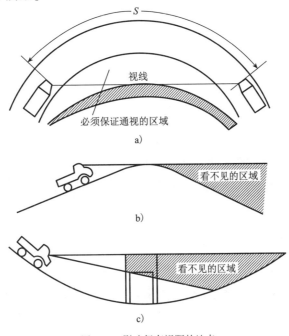

图2-14 影响行车视距的地点
S—停车视距

驾驶员发现障碍物或迎面来车,根据采取措施的不同,行车视距可分为以下几种:

(1)停车视距:汽车行驶时,驾驶员自看到前方有障碍物时起,至到达障碍物前安全停止,所需的最短距离。

(2)会车视距:两辆车相向行驶,驾驶员自看到前方车辆时起,至安全会车时止,两辆汽车行驶所需的最短距离。

(3)错车视距:在没有明确划分车道线的双车道道路上,两对向行驶汽车相遇,自发现后采取减速避让措施至安全错车所需的最短距离。

(4)超车视距:在双车道道路上,后车超越前车时,自开始驶离原车道处起,至可见对向来车并能超车后安全驶回原车道所需的最短距离。

六、路基横断面设计

1. 横断面设计要求

横断面的组成除包括与行车有关的路幅外,还包括与路基工程、排水工程、环保工程有关的各种设施。

在设计每个横断面之前,应确定路基的标准横断面(或称"典型横断面")。在标准横断面图中,一般要包括:路堤、路堑、半填半挖、护坡路基、挡土墙路基等断面。断面路幅内行车道、路肩的宽度和横坡度以及中间带的尺寸应具体确定。断面路基中的边坡坡率、边沟尺寸、挡土墙断面等应按《公路路基设计规范》(JTG D30—2015)的规定确定。标准横断面图一般采用1∶100比例。

2. 横断面设计方法

应用路线CAD时,按路基标准横断面输入各组成部分尺寸、分段起止桩号,显示设计横断面,逐一检查、修改设计断面,绘制路基横断面设计图,输出路基设计表、土石方工程数量表等,上述过程均由计算机自动完成。

第五节 选线与定线

一、路线方案选择

选线是根据路线基本走向和技术标准,结合地形、地质条件,考虑安全、环保、土地利用和施工条件,以及经济等因素,通过全面比较,选定路线中线的全过程。

1. 选线的方法和步骤

为了保证选线和勘测设计质量,降低工程造价,必须全面考虑,由粗到细,由轮廓到具体,逐步深入,分阶段分步骤分析比较,进行多方案比选,才能定出合理的路线。选线一般按工作内容分三步进行。

(1)路线走向选择

路线走向(或称路线方案)选择主要应对拟建公路路线起终点、重要控制点进行研究,分析、研究、论证提出确保建设项目在路网中的功能和作用能够充分发挥的路线走向。

(2)路线走廊带选择

在路线基本走向选定的基础上,按地形、地质、水文等自然条件选定出一些细部控制点,连接这些控制点,即构成路线走廊带或路线布局。路线走廊带的确定一般应在1∶5000～1∶10000比例尺的地形图上进行。

(3)确定路线具体位置

确定路线具体位置(定线)就是根据技术标准和路线方案,结合有关条件在有利的路线带内进行平、纵、横综合设计,具体定出道路中线的工作。

2. 影响路线方案选择的主要因素

(1)拟建项目的功能定位。确定路线走向时,首先应根据国家、省、市的公路网规划、综合交通运输现状及规划、社会经济发展规划等分析拟建项目在公路网中的地位和作用,确定拟建项目的功能、性质和任务。

(2)拟建项目区域路网的分布以及项目在铁路、公路、水运、航空等综合交通运输系统中的作用,与沿线工矿、城镇等规划的关系,以及与沿线农田水利等建设的配合及用地情况。

(3)沿线自然条件的影响。地形、地质、水文、气象等自然条件,决定了工程难易和运营质量,对选择路线走向有直接的影响。对于严重不良地质的地区、缺水地区、高烈度地震区以及高大山岭、困难峡谷等自然障碍,选线时宜考虑绕避。

(4)拟建项目主要技术标准和施工条件的影响。路线的主要技术标准如最大纵坡在一定程度上影响路线走向的选择。施工期限、施工技术水平等,对困难山区的路线方向选择具有重大影响,有时甚至成为决定性的因素。

影响路线方案选择的因素是多方面的,各种因素又多是互相联系和互相影响的,如与沿线旅游景点、历史文物、风景名胜的联系等。路线应在满足使用任务和性质要求的前提下,综合考虑各方面因素,通过多方案的比较,精心选择,提出合理的推荐方案。

二、平原区选线

平原地区地形平坦,坡度平缓,除草原、戈壁外,一般人烟稠密,农业发达。村镇、农田、河流、湖泊、水塘、沼泽、盐渍土等为平原地区较常遇到的自然障碍。所以,平原地区选线的主要特征是克服平面障碍。平原区选线方法:先把路线总方向内所规定经过的地点如城市、工厂、农场和乡镇以及文物风景地点作为大控制点;然后在大控制点之间进行实地勘察,了解农田优劣及地物分布情况,确定可穿越、该绕避、应趋就的点,从而建立起一系列中间控制点。平原区选线要点如下:

1. 正确处理道路与农业的关系

(1)平原区新建道路要占用一些农田,这是不可避免的,但要尽量做到少占和不占高产田。

(2)路线应与农田水利建设相配合,有利农田灌溉,尽可能少和灌溉渠道相交。当路线走向与渠道方向基本一致时,可沿渠(河)堤布线,堤路结合,桥闸结合,以减少占田和便利灌溉。

(3)当路线靠近河边低洼的村庄或田地通过时,应争取靠河岸布线,利用道路的防护措施,兼作护村保田之用。

2. 合理考虑路线与城镇的联系

平原区有较多的城镇村庄、工业及其他设施,选线应以绕避为主,尽量不破坏或少破坏,并采用较高的技术指标通过。路线与城镇边缘的距离要合理,既要为城镇的发展预留足够的空间,又要方便居民出行。选线时,要结合公路的功能以及城镇规划等因素,灵活处理路线与城镇的关系问题。

3. 处理好路线与桥位的关系

(1)特大桥是路线基本走向的控制点,大桥原则上应服从路线总方向并满足桥头接线的要求,桥路综合考虑。一般情况下,桥位中线应尽可能与洪水的主流流向正交,桥梁和引道最好都在直线上。当条件受限制时,也可设置斜桥或曲线桥。

(2)中、小桥和涵洞位置应服从路线走向,但遇到斜交过大(一般在桥轴线与洪水流向的夹角小于45°时)或河沟过于弯曲的情况,可采取改河措施或改移路线,以免过分增加施工难度和加大工程投资。

4. 注意土壤水文条件

平原地区的土壤水文条件较差,特别是河网湖区,地势低平,地下水位高,影响路基稳定,因此应尽可能沿接近分水岭的地势较高处布线。当路线遇到较大面积的湖塘、泥沼和洼地时,一般应绕避;如需要穿越时,应选择合适地点通过,并采取有效措施,保证路基的稳定。

5. 正确处理新、旧路的关系

平原地区通常有较宽的人行大路或等级不高的公路,当设计交通量很大,需要新建公路时,应分情况处理好新、旧路的关系。等级较低的公路应尽量利用旧路。

三、山岭区选线

山岭区路线按行经地带的部位可分为沿河(溪)线、越岭线、山坡线、山脊线等。因所处的部位不同,地形特征、地质条件决定了选线过程中要解决的主要问题也不同。以下主要介绍沿河(溪)线、越岭线。

1. 沿河(溪)线

沿河(溪)线是沿河(溪)走向布设的路线,如图2-15所示。沿河(溪)线的路线布局,首先应进行河谷选择,这是确定路线走廊的基础。河谷选择后,路线布局主要解决河岸选择、高度选择和桥位选择三个问题。

(1)河岸选择

因河谷两岸条件各有利弊,选线时应充分调查,掌握路线所经地区的自然特征和村镇分布情况,充分利用有利一岸,必要时跨河换岸,绕避艰巨工程或利用地形提高线形标准,这是河岸选择的基本原则。河岸选择一般应结合下列主要因素经过技术经济比较来综合确定。

①地形、地质和水文条件。

这是影响河岸选择的主要因素,要深入调查,摸清其特点和规律。路线应选在地形宽坦,有台地可利用,支沟较少、较小,地质条件良好,不易被水流冲刷或冲刷较轻的一岸。需要展线时,应选在支沟较大、利于展线的一岸。

图2-15 沿河(溪)线

②积雪和冰冻地区的选岸。

积雪和冰冻地区的阳坡和阴坡,迎风面和背风面的气候差异很大,在不影响路线整体布局的前提下,尽可能选择阳坡和迎风的一岸,以减少积雪、涎流冰等病害。

③考虑居民点分布、城乡建设、工农业发展,并与其他交通、水利设施相配合。

(2)高度选择

沿河(溪)线按路线高度与设计洪水位的关系,有低线和高线两种。

低线是指高出设计水位(包括浪高加安全高度)不多,路基临水一侧边坡常受洪水威胁的路线。高线是指高出设计水位较多,基本不受洪水威胁的路线,一般多用在利用大段较高台地,或傍山临河低线易被积雪掩埋以及为避让艰巨工程而提高线位等情况。路线一般以低线位为主,但必须做好洪水位的调查,以保证路基稳定和安全。在安全的前提下做到"宁低勿高"。

(3)桥位选择

按路线与河流的关系,有跨支流和跨主流两类桥位。跨支流桥位选择,一般属于局部方案问题,而跨主流桥位选择多属于路线布局的问题。跨主流桥位常是决定路线走向的控制点,应与河岸选择同时考虑。

2.越岭线

越岭线是指翻越山岭布设的路线。其特点是需克服很大高差,路线长度和平面位置主要取决于路线纵坡的安排。在越岭线选线中,须以安排路线纵坡为主导,处理好平面和横断面的布设。越岭线选线主要解决垭口选择、过岭高程选择和垭口两侧路线展线三个问题。

(1)垭口选择

垭口是山脊上呈马鞍状的明显下凹地形。垭口是体现越岭线方案的主要控制点,一般应选择基本符合路线走向、高程较低、地质条件较好、两侧山坡利于展线的垭口。

(2)过岭高程选择

路线过岭,可采用路堑或隧道通过。过岭高程越低,路线越短,但路堑或隧道就越深、越长,工程量也越大。过岭方式主要有浅挖低填、深挖垭口和隧道穿越三种方式。

(3)垭口两侧路线展线

展线是为使山岭区路线纵坡能符合技术标准,利用地形延伸路线长度来克服高差的布线方法。越岭线的展线方式主要有自然展线、回头展线、螺旋展线三种。

①自然展线

自然展线是以适当的纵坡,顺着自然地形,绕山咀、侧沟来延展距离,克服高差的布线方式。

②回头展线

回头展线是路线沿山坡一侧延展,选择合适地点,用回头曲线作方向相反的回头后再回到该山坡的布线方式,如图 2-16 所示。

图 2-16 回头展线示例

③螺旋展线

螺旋展线是当路线受到限制,需要在某处集中提高或降低某一高度才能充分利用前后有利地形或位置,而采用的螺旋状展线方式,如图 2-17 所示。螺旋展线比回头展线具有线形较好、避免路线重叠的优点,但因常需建隧道或高长桥,造价较高,因而较少采用。

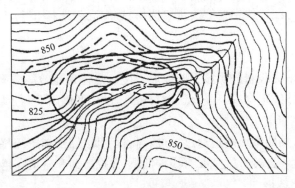

图 2-17 螺旋展线示例

四、定线

定线是根据既定的技术标准和路线方案,结合地形、地质等条件,综合考虑路线的平面、纵断面、横断面,具体定出道路中线的工作。定线按工作对象的不同分为纸上定线和现场定线。按照现行设计文件编制要求,除少数特殊情况(如山区四级公路,所在区域又没有地形图)外,定线均应采用纸上定线。

纸上定线是在室内大比例尺地形图上进行,对于不同的地形条件,定线考虑的侧重点不同。平原微丘区地形平坦,路线一般不受高程限制,定线中的重点是正确绕避平面上的障碍,力争控制点间路线短捷顺直;而山岭重丘区地形复杂,横坡陡峻,定线时要利用有利地形,避让艰巨工程、不良地质地段或地物等。

平原微丘区的定线步骤如下:

(1)分析沿线地形、地质及地物的分布情况,确定中间控制点及其可活动的范围。

(2)通过或靠近大部分控制点连直线,交汇出交点。

(3)根据交点位置处实际情况,合理确定平面线形指标,确定平面线形。

(4)内插中桩高程,绘制纵断面地面线,考虑纵断面控制条件,进行纵断面设计。

(5)通常在定出一段平面后,紧接着设计纵断面。在试定出3~5km路线后,进行全面的检查、分析,看路线是否合理。经过修改,直到满意为止。重复以上步骤,设计下一段路线,直至设计终点。

(6)桥涵及其他单项工程的布置。路线设计的合理性,要结合单项工程的布置与设计综合考虑。

山岭重丘区若连续3km以上的地面平均自然坡度大于设计道路的平均纵坡,则需考虑展线,即通过定坡度线、定导向线、修正导向线、二次修正导向线、定线等步骤反复确定路线的位置。

[1] 中华人民共和国交通运输部.公路路线设计规范:JTG D20—2017[S].北京:人民交通出版社股份有限公司,2017.

[2] 许金良,等.道路勘测设计[M].5版.北京:人民交通出版社股份有限公司,2018.

[3] 中华人民共和国交通运输部.公路工程技术标准:JTG B01—2014[S].北京:人民交通出版社股份有限公司,2015.

第三章 路基路面工程

路基和路面是道路的主要工程结构物。路面直接承受行车荷载的作用,坚固而稳定的路基为路面结构长期承受行车荷载提供重要的支撑。在长期的行车荷载和自然因素作用下,路基路面工程可能会产生病害。为了提高路基路面工程的耐久性,其设计和施工必须满足一定的要求。

本章先介绍路基和路面的病害、基本要求以及设计与施工技术,最后给出路基路面工程的展望。

第一节 路基工程

一、路基工程概述

作为道路工程的重要组成部分,路基是路面的基础,在交通荷载和自然因素的作用下会出现一些病害。为了减少路基的病害,路基需在干湿程度、力学性能等方面满足一定的要求。

1. 路基的主要病害

路基主要病害类型有路基沉陷、边坡滑塌、碎落和崩塌、路基沿山坡滑动、冻胀和翻浆等。

(1)路基沉陷(Subgrade Subsidence)

路基沉陷如图 3-1 所示,可能是由于堤身内部形成过度饱水区引起,也可能是由于软弱地基

图 3-1 路基沉陷

的沉缩引起的。

(2)边坡滑塌(Landside)

根据严重程度不同,边坡滑塌分为溜方和滑坡。溜方指边坡上表面薄层土体下滑,主要是由于流动水冲刷边坡或施工不当引起的,如图3-2所示;而滑坡指一部分土体(不仅限于表层土体)在重力作用下沿某一滑动面滑动,它主要是由于边坡的稳定性不足引起的,如图3-3所示。

图3-2 溜方　　　　　　　　　图3-3 滑坡

(3)碎落和崩塌

碎落指路堑边坡风化岩层表面岩石,在大气温度与湿度的交替作用,以及雨水冲刷和动力作用之下,从坡面上剥落下来,向下滚落;而崩塌则指大块岩石脱离边坡坡面沿边坡滚落。

(4)路基沿山坡滑动

在较陡的山坡修筑路基,若路基的底部被水浸湿,形成滑动面,坡脚又未进行必要的支撑,在路基自重和行车荷载作用下,整个路基沿倾斜的原坡面向下滑动,路基整体失去稳定。

(5)冻胀(Frost Heaving)和翻浆(Grouting)

在季节性冰冻地区,路基水在冬季受低温影响,温度较高的水向温度较低的土层方向转移,在温差聚水作用下,水分迅速聚集并逐渐形成聚冰层,结冰后土体膨胀增大,形成冻胀。

在冰冻春融期,因地下水位高,排水不畅,土质不良,含水过多,造成路基湿软,强度下降,在行车荷载的反复作用下,路基出现弹软、裂缝、冒泥浆现象,这种现象称为翻浆。

冻胀和翻浆常相伴而生,但由于我国近些年增加了公路路面厚度以及采取了一些路基处治措施,冻胀与翻浆目前发生得较少。

2.路基基本要求

为了避免或减少前述的各种路基病害,路基需满足以下基本要求:

(1)整体稳定性

整体稳定性是指路基不产生滑坡以及沿山坡滑动两种病害。如果整体稳定性不足,需要采取一定的工程措施进行支挡或加固。

(2)结构承载力(Load Bearing Capacity)

路基必须具有足够的承载力,以抵抗路面结构自重、上部路基土体的自重以及车辆荷载的作用,不至于产生超过容许范围的变形,以为路面提供均匀、稳定的支撑。路基的结构承载能力常用路基回弹模量来表示。

(3)水温稳定性

路基在水的作用下,强度和模量会显著降低。而在季节性冰冻地区,还容易产生冻胀和翻浆。因此,要保证路基具有水温稳定性,即在最不利的水温状况下,承载力不致显著地降低。

3.路基干湿类型

路基湿度影响路基的强度、模量及稳定性。路基湿度来源于大气降水、地表水、地下水等。对于不透水的路面下的路基,路基湿度一般在修建后2~3年逐渐趋于一个稳定的波动范围,称之为平衡湿度。根据路基平衡湿度状况可以将路基划分为潮湿、中湿和干燥三类。新建公路路床应处于中湿或干燥状态。

二、一般路基设计

一般路基通常是指在良好的地质条件下,填方高度和挖方深度不大的路基。通常认为,一般路基可以结合当地的地形、地质情况,直接选用典型断面图或设计规定,不必进行个别论证和验算。超过规范规定的高填、深挖路基,以及地质和水文等条件特殊的路基,称为特殊路基。为确保路基具有足够的强度与稳定性,特殊路基需要进行专门设计和验算,如边坡稳定性验算。

一般路基设计包括以下内容:选择路基横断面类型,确定路基宽度和高度,确定边坡形状与坡度;选择填料与压实标准;路基排水设计;路基防护与加固设计等。其中选择填料与压实标准将在路基施工部分介绍,路基排水设计、路基防护与加固设计将在后续专门章节中介绍,故本节仅介绍其余的设计内容。

1.路基典型横断面类型

路基典型横断面主要包括填方路基(路堤)(Embankment/Fill)、挖方路基(路堑)(Cut)、半填半挖路基(填挖结合路基)(Cut and Fill),有时也把零填挖路基作为一种横断面类型。

路堤是指全部用岩土填筑而成的路基,如图3-4所示,根据路堤高度又可分为矮路堤、一般路堤和高路堤。路堑是指全部在天然地面开挖而成的路基,如图3-5所示。

图3-4 路堤

图3-5 路堑

填挖结合路基是指当地面横坡大且路基较宽时,一侧开挖而另一侧填筑而形成的路基,如图 3-6 所示。零填挖路基是指与地面齐平,没有填挖的路基,如图 3-7 所示。

图 3-6　填挖结合路基

图 3-7　零填挖路基

2. 路基设计

路基设计主要是确定路基的宽度、高度和边坡坡度。路基宽度取决于公路的技术等级;路基高度取决于纵坡设计及地形;边坡坡度取决于当地的地质条件、水文条件、填挖类型、边坡高度等。

三、路基防护与加固设计

路基直接暴露在大自然中,长期受自然因素(如雨、雪、风、阳光等)和行车荷载的作用,很容易发生各种失稳、变形及破坏,因此需对路基进行防护与加固。

路基防护与加固主要分为坡面防护、冲刷防护、软土地基处理、路基支挡(此处仅介绍挡土墙)四类。

1. 坡面防护(Erosion Control on Slopes)

坡面防护的目的是保护土质路基边坡表面免受雨水冲刷(图 3-8),防止和延缓软弱岩石边坡表面的风化、碎裂、剥蚀演变过程(图 3-9),还可在一定程度上美化路容和协调自然环境。

图 3-8　坡面冲刷

图 3-9　坡面风化、破碎

坡面防护分为植物防护、工程防护和骨架植物防护，不同类型的防护，其抗冲刷能力不同，适应的边坡条件也不同。

(1) 植物防护 (Vegetation Protection)

植物防护以成活的植物作为路基防护的材料，通过植物的叶、茎和根系与被保护土体的共同作用，在拟保护的路基部位，形成有生命的保护层，包括植草和种灌木等，如图3-10和图3-11所示。

图3-10　植草　　　　　　　　　　　　图3-11　种灌木

(2) 工程防护 (Engineering Protection)

工程防护包括喷护（喷水泥砂浆或水泥混凝土）(图3-12)、挂网喷护(图3-13)、干砌片石护坡(图3-14)、浆砌片石护坡(图3-15)、护面墙(图3-16)、挂网防护(图3-17)等。挂网喷护可以防止或减少砂浆或水泥混凝土从坡面滑落。护面墙一般用浆砌片石砌筑，但由于具有基础，厚度较大，能适应的边坡坡度和防护高度较砌石护坡大。挂网防护常用于拦截坡面上滚落的碎石。

图3-12　喷护　　　　　　　　　　　　图3-13　挂网喷护

图 3-14　干砌片石护坡

图 3-15　浆砌片石护坡

图 3-16　护面墙

图 3-17　挂网防护

(3)骨架植物防护(Plant Protection with Concrete Framework)

骨架多由浆砌片石或水泥混凝土制成,形状常为拱形、方格形、人字形等,也可采用多边形水泥混凝土空心块作为骨架,骨架内植草,如图3-18~图3-21所示。

图3-18 拱形骨架植物防护

图3-19 方格形骨架植物护坡

图3-20 人字形骨架植物防护

图3-21 多边形空心块骨架植物防护

2. 冲刷防护(Scour Proctection)

沿河滨海路堤和河滩路堤等容易遭受水流的侵蚀、冲刷、淘蚀,波浪的侵袭以及流冰、漂浮物等的撞击而破坏,为此而采取的防护措施称为冲刷防护。

冲刷防护分为直接防护和间接防护两大类。直接防护是直接在坡面或坡脚设置防护结构物,以减轻或避免水流的直接冲刷。间接防护是通过导治构造物来改变水流方向的防护,必要时可以改移河道。

(1)直接防护

直接防护种类较多,包括植物防护、砌石或混凝土护坡、抛石防护、石笼防护、土工织物软体沉排防护、土工膜袋防护、浸水挡墙防护等。

抛石防护类似在坡脚处设置护脚,亦称抛石垛,如图3-22所示。在水流或波浪作用强烈的河段以及缺乏大块石料的地区,可用石笼防护,如图3-23所示。

土工织物软体沉排是指在土工织物上以块石或预制混凝土块体为压重的护坡结构(图3-24)。土工膜袋是一种双层织物袋,袋中充填流动性水泥混凝土、水泥砂浆或稀石混凝土,凝固后形成具有高强度和高刚度的硬结板块,如图3-25所示。

图 3-22 抛石防护

图 3-23 石笼防护

图 3-24 土工织物软体沉排防护

图 3-25 土工膜袋防护

当冲刷非常严重，用其他直接防护措施不能抵御时，可以采用浸水挡墙防护，如图 3-26 所示。

图 3-26 浸水挡墙防护

（2）间接防护

间接防护使用的导治构造物包括丁坝、顺坝等。丁坝（图3-27）是大致与堤岸垂直或斜交，起"挑水"作用的坝，又称挑水坝，可用于宽浅性河段，保护河岸或路基不受水流直接冲蚀而产生破坏。顺坝（图3-28）则大致与堤岸平行，起调整流水曲度和改善流态的作用，也称导流坝，可用于河床断面狭窄、基础地质条件较差的河岸或沿河路基的防护。

图3-27　丁坝　　　　　　　　　　　　图3-28　顺坝

3. 软土地基处理（Soft Foundation Treatment）

软土是指滨海、湖沼、谷地、河滩沉积的天然含水率高、孔隙比大、压缩性高、抗剪强度低的细粒土。在软土地基上修筑路堤可能会出现路堤失稳或沉降量过大等问题，因此需对软土地基进行加固处理，以增强稳定性、减小沉降量或加快沉降。

软土地基处理可以分为地基浅层处理、排水固结法处理、布设桩处理、强夯法处理等几大类。在地基浅层处理中，在软土地基上路堤底部宜设置排水砂垫层（图3-29），对于厚度小的软土地基，可以使用砂石等材料进行换填，还可在路堤的一侧或两侧设置反压护道，以遏制软土向两侧隆起的趋势（图3-30）。

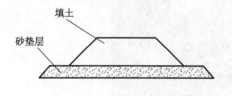 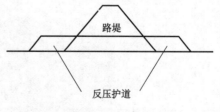

图3-29　排水砂垫层　　　　　　　　　图3-30　反压护道

排水固结法（Drainage Consolidation）处理的目的是加快排出软基中的水分，使得软土地基加速固结和沉降。排水固结法包括在软土地基上路堤底部设置排水砂垫层并进行预压，在软土地基内部设置袋装砂井（图3-31）或塑料排水板（图3-32）并进行预压。

图 3-31　袋装砂井　　　　　　　图 3-32　塑料排水板

桩(Pile)也常用于软土地基的处理,如图 3-33 所示。根据桩体使用的材料,分为粒料桩、加固土桩、水泥粉煤灰碎石桩、刚性的水泥混凝土桩。

强夯法(Dynamic Consolidation)即强力夯实法,又称动力固结法,是利用大型履带式强夯机将 8~30t 的重锤从 6~30m 高度自由落下,对土进行强力夯实,迅速提高地基的承载力及压缩模量,形成比较均匀、密实的地基,如图 3-34 所示。

图 3-33　利用桩进行软基处理　　　　　　　图 3-34　强夯

4. 挡土墙(Retaining Wall)

路基边坡滑塌是路基的主要病害之一。一般情况下,对于边坡不高的路基,可按一般路基进行设计,采用规定的坡度值。而对于高路堤或深路堑,则需要进行边坡稳定性分析,以判断路基边坡是否会出现滑坡。

路基边坡稳定性分析方法包括力学分析法和工程地质法。力学分析法是按照极限平衡理论,假定出路基岩体滑动的剪切滑动面,对于滑动面上的土体进行力学分析。对于未知的剪切滑动面,可以拟定出几个滑动面,找出安全系数最小的滑动面,然后根据极限平衡理论进行分析。随着路基材料的不同,滑动面的形状不同,一般有直线性滑动面、圆弧滑动面、折线滑动面等，不同的滑动面有不同的分析方法。工程地质法则是对当地已有的具有类似工程地质条件，而处于极限平衡的天然斜坡和人工边坡情况进行调查分析，根据参考边坡的情况判断设计边坡是否能够稳定。挖方路基边坡的形状和坡度采用这一方法来确定。采用工程地质法分析路基边坡的稳定性，可以与力学分析法进行对比，以对路基边坡的稳定性做出综合评价。

当路基边坡稳定性分析表明，路基边坡不稳定，会产生滑坡病害时，需修筑挡土墙来支撑路基填土或者山坡土体，防止路基失稳。

挡土墙是指为防止土体塌滑而修筑的、主要承受侧向土压力的墙式建筑物，是路基支挡的一种。根据挡土墙在路基中所处的位置，挡土墙分为路堑挡土墙、路堤挡土墙、路肩挡土墙、山坡挡土墙。根据结构形式，挡土墙分为重力式、半重力式、衡重式、悬臂式、扶壁式、锚杆式、锚定板式、加筋土式、桩板式和石笼式等挡土墙，具体介绍如下。

（1）重力式挡土墙（Gravity Retaining Wall）。重力式挡土墙墙身一般用浆砌片石、浆砌块石砌筑，在墙身不高时，也可用干砌块石，缺乏石料时也可用混凝土浇筑，依靠墙的自重承受土压力，如图3-35所示。重力式挡土墙结构简单、施工方便、对地基承载力的要求较高，使用比较广泛。常用于一般地区、浸水地区和地震地区的路肩、路堤、路堑等支挡工程。

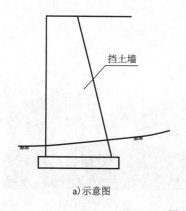
a)示意图

b)实体工程图

图3-35　重力式挡土墙

重力式挡土墙的构造一般由墙身、基础、排水设施与伸缩缝等组成。墙身包括墙背、墙面（墙胸）、墙顶、护栏（地形险峻的路肩墙）等，如图3-36所示。

为疏干墙后土体和防止地面水下渗，防止墙后积水形成静水压力，减少寒冷地区回填土的冻胀压力，消除黏性土填料浸水后的膨胀压力，常设置泄水孔和排水层等排水设施，如图3-37所示。

（2）半重力式挡土墙（Semi-gravity Retaining Wall）。半重力式挡土墙在墙背设少量钢筋，并将墙趾展宽，依靠墙的自重，同时通过增加墙身的力臂来增加抗转动的力矩，如图3-38所示。适用于不宜采用重力式挡土墙的地下水位较高或较软弱的地基，墙高不宜超过8m。

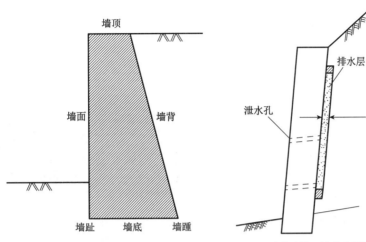

图 3-36　重力式挡土墙的墙身和基础　　图 3-37　重力式挡土墙排水设施

（3）衡重式挡土墙（Balance Weight Retaining Wall）。衡重式挡土墙是在重力式挡土墙上设置衡重台使墙身重心后移，并利用衡重台上的填土增强墙身稳定性，如图 3-39 所示。其适用于陡山坡的路肩墙、路堤墙和路堑墙。

图 3-38　半重力式挡土墙　　图 3-39　衡重式挡土墙

（4）悬臂式挡土墙（Cantilever Retaining Wall）。悬臂式挡土墙墙身及基础均采用钢筋混凝土板，如图 3-40 所示。依靠墙身自重和踵板上的填土来保证挡土墙的稳定，构造简单，施工方便，能适应较柔软的地基，适用于缺乏石料地区、地基承载力较低的填方路段，高度不大于 5m。

（5）扶壁式挡土墙（Counterfort Retaining Wall）。扶壁式挡土墙基本同悬臂式挡土墙，只是在墙踵板和立壁之间加设了扶壁（或称扶肋），它增强了墙踵板和立壁之间的连接，如图 3-41 所示。在高墙时较悬臂式挡土墙经济，适用于缺乏石料地区、地基承载力较低的填方路段，高度不大于 15m。

（6）锚杆式挡土墙（Anchored Retaining Wall）。锚杆式挡土墙由锚杆、挡土板、肋柱组成，如图 3-42 所示，依靠锚杆与稳定土体间的摩擦力来保证墙体的稳定，宜用于墙高较大的岩质路堑地段，可以用作抗滑挡土墙。

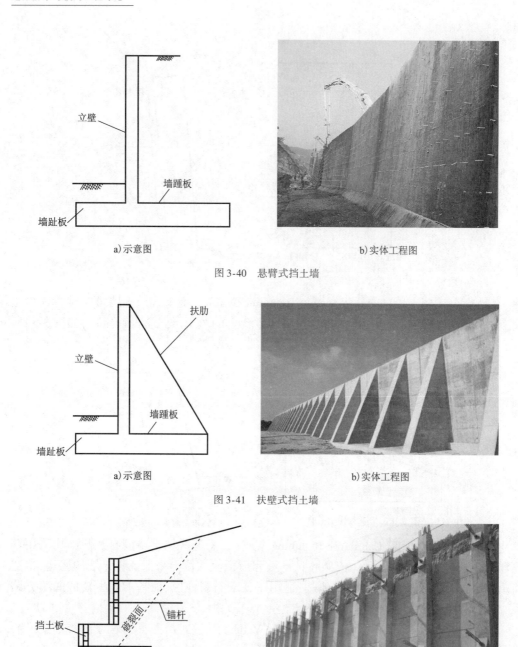

a) 示意图　　　　　　　　　　b) 实体工程图

图 3-40　悬臂式挡土墙

a) 示意图　　　　　　　　　　b) 实体工程图

图 3-41　扶壁式挡土墙

a) 示意图　　　　　　　　　　b) 实体工程图

图 3-42　锚杆式挡土墙

（7）锚定板式挡土墙（Tie Back Retaining Wall）。锚定板式挡土墙基本同锚杆式挡土墙,不同之处仅在于锚杆的固定端用锚定板固定在土体内,如图3-43所示,故该挡土墙通过锚定板产生的抗拔力以及锚杆与土体之间的摩擦力来保证墙体的稳定。

(8)加筋土式挡土墙(Reinforced Earth Retaining Wall)。加筋土式挡土墙由墙面板、拉筋和填土三部分组成,如图3-44所示。借助于拉筋与填土之间的摩擦力,将土的侧压力传给拉筋,从而稳定土体。可分为有面板加筋土挡土墙和无面板土工格栅加筋土挡土墙。有面板

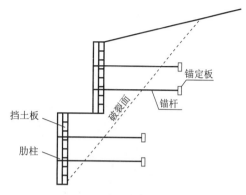

图3-43 锚定板式挡土墙

加筋土挡土墙可用于一般地区的路肩墙、路堤墙,无面板土工格栅加筋土挡土墙可用于一般地区的路堤墙,但均不应修建在滑坡、水流冲刷、崩塌等不良地质地段。

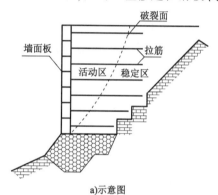
a)示意图

b)实体工程图

图3-44 加筋土式挡土墙

(9)桩板式挡土墙(Sheet Pile Retaining Wall)。桩板式挡土墙由钢筋混凝土锚固桩和挡土板组成。利用深埋的锚固桩的锚固作用和被动抗力抵抗侧向土压力,维护挡土墙的稳定,如图3-45所示。适用于表土及强风化层较薄的均质岩石地基,挡土墙高度较大,也可用于地震区的路堑或路堤支挡或滑坡等特殊地段的治理。

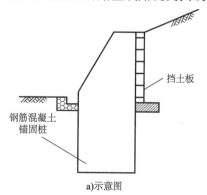
a)示意图

b)实体工程图

图3-45 桩板式挡土墙

(10)石笼式挡土墙(Gabion Retaining Wall)。石笼式挡土墙又称"格宾挡土墙",采用石笼作为墙体,如图3-46所示。可用于地下水较多的土质、风化破碎岩石路段。

图3-46 石笼式挡土墙

四、路基施工

路基施工根据横断面形式大体可分为路堤填筑和路堑开挖。土方路基施工多采用机械化施工;石方路基施工,特别是石质路堑的开挖常采用爆破方法。本节主要介绍土方路基的施工。

1. 路堤填筑

在填筑路堤时,要处理好基底,选择良好的填料,正确选择填筑方案,确保压实达到要求。

(1)基底处理

为预防原地面杂物腐烂变质、坡面不稳定等引起的松软、不均匀沉陷、沿坡面失稳滑移等现象,可根据基底的土质、水文、坡度和植被情况及填土高度采取相应的处理措施。

(2)填料选择

为保证路堤的强度和稳定性,需尽可能选择当地稳定性良好的土、石作为填料。

(3)路堤填筑方案

土质路堤一般按照分层平铺的方案进行填筑,即按照横断面全宽分成水平层次,逐层向上填筑。每填一层经过压实符合规定要求后,再填上一层,如图3-47所示。

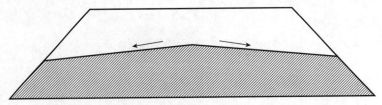

图3-47 分层平铺示意图

(4)压实(Compaction)

路基施工破坏了土体的天然状态,致使结构松散。而路基压实则能使土粒重新组合,彼此挤紧,孔隙缩小,形成密实整体,最终使得土体的强度增加,稳定性提高。大量试验和工程实践还证明：路基压实后，路基的塑性变形、渗透系数、毛细水阻隔作用等均得到显著改善。因此，路基的压实是路基施工中的一个重要工序，也是提高路基强度与稳定性的根本技术措施之一。

路基压实的密实程度用压实度衡量。压实度为工地实测的干密度与室内标准击实试验所得的最大干密度的比值。

2. 路堑开挖

路堑的开挖，根据挖方数量大小及施工方法不同，按掘进方向可分为纵向全宽掘进和横向通道掘进两种，同时又可在高度上分单层或双层。

纵向全宽掘进是在路线一端或两端，沿路线纵向向前开挖。单层掘进的高度等于路堑设计深度。如果施工紧迫，对于较深路堑，可采用双层掘进法，上层在前，下层随后，下层施工面上留有上层操作的出土和排水通道。

横向通道掘进是先在路堑纵向挖出通道，然后分段同时向横向挖掘，又称通道纵挖法。该法在开挖长而深的路堑时采用，可扩大施工面，加快施工进度。

3. 路基施工机械

常用的路基土方施工机械有挖掘机（配以汽车运土）、铲运机、装载机、推土机和平地机，见图3-48，此外还有压实机械（图3-49）和水力机械等。各种机械可以单机作业，例如铲运机、推土机、平地机等；而以挖掘机为代表的主机，需要配以运土、装土、平土及压实等相应机具，相互配套，综合完成路基施工任务。

a) 挖掘机

b) 铲运机

c) 装载机

d) 推土机

图 3-48

e)平地机

图 3-48　挖、运、装、整平土的施工机械

a)光轮压路机

b)羊足碾压路机

c)冲击压路机

d)蛙式夯机

图 3-49　常用的路基压实机械

五、路基排水系统

路基的沉陷、冻胀、翻浆等病害均与水的作用有关，因此为了保证路基的稳定，需设计路基排水系统。路基排水系统可以分为地面排水系统和地下排水系统，分别将可能影响路基的地面水和地下水拦截和排出路基范围以外。

1. 地面排水系统(Surface Drainage System)

地面排水系统主要包括边沟(Side Ditch)、截水沟(Interception Ditch)、排水沟(Outlet Ditch)、跌水(Water Fall)与急流槽(Torrent Guter)、蒸发池(Evaporation Tank)等。

边沟设置在路基的边缘，用以汇集路面水和路基附近少量的地面水（图3-50）。截水沟设在路堑坡顶或山坡路堤上方，用于拦截上方流来的地面水（图3-51）。排水沟的作用是将边沟、截水沟等汇集的水引向路基以外。在地面坡度陡峻的地方或填方路基边坡上，可以用跌水或急流槽代替部分沟渠（图3-52和图3-53）。气候干旱且排水困难地段，可以在沿线设置蒸发池以汇集地表水（图3-54）。

图3-50　边沟

图3-51　截水沟

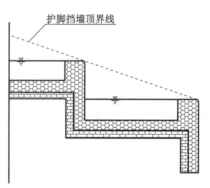
图3-52　跌水示意图

图3-53　路基边坡上的急流槽

图3-54　蒸发池

2. 地下排水系统(Subsurface Drainage)

地下排水系统包括暗沟(Blind Ditch)、渗沟(Seepage Ditch)、渗井(Seepage Well)等。

暗沟是设在地面以下,引导水流的沟渠,无渗水和汇水的功能。渗沟则除了引导水流外,还具有渗水和汇水的功能。渗沟分为填石渗沟(也称为盲沟式渗沟,French Drains)、管式渗沟和洞式渗沟,构造如图3-55所示。其中,填石渗沟一般用于流量不大,渗沟不长的地段;当引水距离较长,流量较大时,使用管式渗沟,当缺乏水管时也可用洞式渗沟。

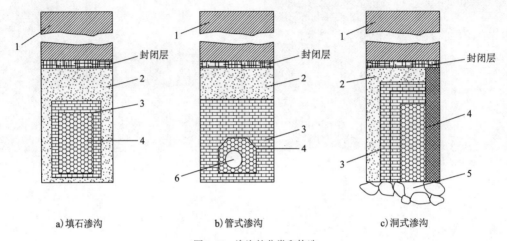

图3-55 渗沟的分类和构造
1-黏土夯实;2-粗砂;3-石屑;4-碎石;5-浆砌片石沟洞;6-混凝土混制管

渗井是一种竖向地下排水设施,汇集地面下一定深度处含水层中的地下水,向下穿过不透水层,进入下层渗水层,起到降低浅层地表水位的作用。

第二节 路面工程

一、路面工程概述

路面直接承受行车荷载和自然环境因素作用,承重、平整、安全、耐久的路面是为车辆提供快速、可靠的行驶条件的重要保证。

1. 路面结构分层及层位功能

行车荷载和大气因素对路面的影响随深度增加而逐渐减弱,同时路基的水温状况等对路面的影响也会随其距离路表的深度而变化。为适应这一特点,路面大多采用不同性质的材料建成多层次的结构。

路面结构层主要包括面层、基层、底基层和功能层,如图 3-56 和图 3-57 所示。

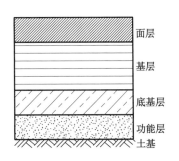

图 3-56　路面结构层次划分示意图　　　　图 3-57　路面结构分层实体工程图

(1) 面层(Surface Course)

面层提供车辆行驶的表面,与车轮和大气直接接触。它承受的车辆荷载应力较大,同时受到降水和气温变化的直接影响,因此面层应具有较高的强度、刚度和稳定性,而且表面要耐磨、平整和抗滑。

修筑面层的材料主要有沥青混合料和水泥混凝土,其他还有砂(砾)石混合料、块石等。面层可由一层或多层组成。例如沥青混凝土面层有时由三层组成,分别称为表面层(上面层)、中面层和下面层。

(2) 基层(Base Course)

基层主要承受由面层传下来的行车荷载作用力,并将其扩散到垫层和土基,故基层需具有足够的强度和刚度。

基层常用的材料有水泥(或石灰、二灰)稳定碎石或稳定细粒土、沥青混合料、贫水泥混凝土、级配碎石、天然碎石等。

基层厚度较厚时,可分层铺筑。当采用不同材料铺筑基层时,基层的最下层称为底基层(Subbase Course)。

(3) 功能层

季节性冻土地区路面厚度不满足防冻要求时,应增设防冻层。防冻层采用粗砂、砂砾和碎石等粒料类材料。

地下水位高、排水不良的路段,有裂隙水、泉眼等水文条件不良岩石挖方路段,基层和底基层为非粒料类材料时,可在基层或底基层与路床间设置粒料层。

对于沥青路面,可能还需要设置黏层、封层、透层。沥青结合料类材料层间应设置黏层,黏层材料可以使用乳化沥青、道路石油沥青、改性乳化沥青、改性沥青等。无机结合料稳定类或冷再生材料结构层与沥青结合料类结构层之间宜设置封层,封层可采用单层沥青表面处治或稀浆封层等。粒料类基层和无机结合料稳定类基层顶面宜设置透层。透层可以采用稀释沥青和乳化沥青等。

2. 路面分类

根据路面的力学特性,可将路面分为柔性路面(Flexible Pavement)、刚性路面(Rigid Pavement)和半刚性路面(Half-flexible Pavement)三类。

柔性路面是指用各种基层(水泥混凝土和贫水泥混凝土基层除外)和各类沥青面层、碎(砾)石面层和块石面层所组成的路面结构。柔性路面刚度小,在车辆荷载作用下所产生的弯沉(即竖向变形)大,车辆荷载通过各结构层向下传递到土基,使土基受到较大的应力。

刚性路面主要是指用水泥混凝土作面层或基层的路面结构。水泥混凝土的强度和刚度大,刚性路面在车辆荷载作用下的弯沉小,荷载通过混凝土板体的扩散分布作用,传递到土基上的应力要较柔性路面小得多。

而石灰、水泥、含水硬性结合料的工业废渣稳定土或处治碎(砾)石,在前期强度和刚度较小,而当环境适宜时,强度和刚度会随着时间的推移不断增大,但其最终的强度和刚度还是远较水泥混凝土低。因此,将由这类材料做成的基层称为半刚性基层,而将含有这类基层的沥青路面称为半刚性路面。

另外,路面还常按其面层材料进行分类,如水泥混凝土路面、沥青路面(使用沥青混合料做面层)、砂石路面、稳定土与工业废渣路面等。

沥青路面可按基层材料性质分为无机结合料稳定类基层沥青路面、粒料类基层沥青路面、沥青结合料类基层沥青路面和水泥混凝土基层沥青路面四类。

3. 路面的主要病害及性能要求

(1)沥青路面主要病害

沥青路面病害包括裂缝(Cracking)、车辙(Rutting)以及表面破坏三大类。

裂缝包括横向裂缝、纵向裂缝和网裂,分别如图3-58~图3-60所示。

图3-58 横向裂缝

图3-59 纵向裂缝

车辙是指在渠化交通的公路的轮迹带上出现的辙槽,如图3-61所示。车辙来自于反复车辆荷载作用下沥青路面的永久变形。

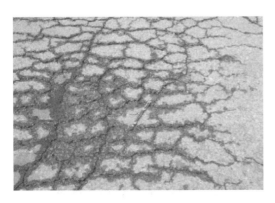
图 3-60　网裂

图 3-61　车辙

沥青路面表面破坏包括松散剥落（Raveling）、表面磨光（Polishing）、泛油（Bleeding）、凹陷（Depression）、推移（Shoving）、唧泥（Pumping）等。松散剥落是指沥青从矿料表面剥落，在车辆的作用下沥青面层呈现松散的状态，以致从路面剥落而形成坑槽（Pothole），如图 3-62 所示。表面磨光是在车轮反复滚动摩擦作用下，集料表面被逐渐磨光，导致沥青面层表面光滑，抗滑力不足。泛油、凹陷、推移、唧泥病害如图 3-63～图 3-65 所示。

图 3-62　松散剥落

图 3-63　泛油和凹陷

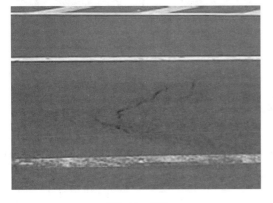
图 3-64　推移

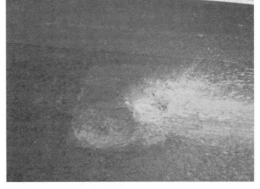
图 3-65　唧泥

(2) 水泥混凝土路面主要病害

水泥混凝土路面病害主要有断裂(Cracking)、唧泥、错台(Faulting)、拱起(Blowups)、接缝挤碎(Joint Shattering)等。断裂是指路面板纵向、横向、斜向或角隅断裂裂缝,如图 3-66 所示,主要是由于路面板内的应力超过了混凝土强度,它是水泥混凝土路面最主要的病害形式。唧泥是车辆行经接缝时,由缝内喷溅出稀泥浆的现象,如图 3-67 所示。错台是指接缝两侧出现的竖向相对位移,如图 3-68 所示。拱起是混凝土路面在热胀受阻时,横缝两侧的数块板突然出现向上拱起的屈曲失稳现象,常伴随出现板块的横向断裂,如图 3-69 所示。接缝挤碎是指邻近横向和纵向接缝两侧的数十厘米宽度内,路面板因热胀时受到阻碍,产生较高的热压应力而挤压成碎块。常由于胀缝内的传力杆排列不正或不能滑动,或者缝隙内落入硬物所致。

图 3-66 断裂

图 3-67 唧泥

图 3-68 错台

图 3-69 拱起

(3) 路面性能要求

根据上述路面病害的分析,路面要满足以下性能要求:

① 具有足够的强度和刚度。为避免路面出现开裂、凹陷、推移等破坏,路面需具有足够的强度和刚度。

②具有足够的稳定性。路面受水、温度等自然因素的影响,为了避免发生低温开裂、松散剥落、车辙、拱起等破坏,路面必须具有足够的水、温稳定性。

③具有良好的耐久性。路面使用年限长,要承受车辆荷载和冷热、干湿气候的长期重复作用,因此会逐渐产生塑性变形累积和疲劳破坏。另外,路面材料还可能由于老化产生性能衰减而破坏。因此,耐久性好的路面结构必须具有抗老化、抗累积变形的能力,还需具有足够的抗疲劳强度。

④具有足够的平整度。平整度差时行车很不舒适,车轮对于路面的冲击力增大,加速汽车零部件和路面损坏。

⑤具有足够的抗滑性。为保证行车安全,路面需具有足够的抗滑性。

⑥具有良好的不透水性。除了个别特殊的路面外,一般要求路面具有不透水性,防止水分渗入路面和路基内部,降低路面和路基的强度。

⑦具有低噪声和低扬尘性。

二、沥青路面设计与施工

1. 沥青路面原材料

沥青路面中常用的原材料主要包括集料、无机结合料以及有机结合料。

(1) 集料(Aggregate)

集料是由不同粒径矿质颗粒组成,并在混合料中起骨架和填充作用的粒料。按粒径范围,可分为粗集料、细集料和矿粉。

在沥青混合料中,粗集料是指粒径大于2.36mm的碎石、破碎砾石、筛选砾石及矿渣等;细集料是指粒径小于2.36mm的天然砂、人工砂(包括机制砂)及石屑等;矿粉常用石粉。碎石、砾石、机制砂、石屑如图3-70所示。

(2) 无机结合料(Inorganic Binder)

沥青路面半刚性基层用无机结合料稳定土或稳定粒料修筑,如水泥稳定碎石、石灰粉煤灰稳定碎石、石灰粉煤灰稳定土、石灰土等。常用的无机结合料包括石灰、水泥、粉煤灰等。

(3) 有机结合料(Organic Binder)

公路工程中使用的有机结合料是沥青。沥青的品种很多,按其在自然界获得的方式不同,可分为地沥青和焦油沥青两大类。地沥青是指天然存在或由石油经人工提炼而得到的沥青,按其产源又可分为天然沥青和石油沥青。地壳中的石油在各种自然因素作用下,经过轻质油分蒸发、氧化和缩聚作用而形成的天然产物,称为天然沥青。石油经各种炼制工艺加工而得到的沥青产品,称为石油沥青。在公路工程中,石油沥青是最常用的沥青。焦油沥青是干馏有机燃料(煤、木材、页岩等)所收集的焦油经加工而得到的一种沥青材料。按干馏原料的不同,焦油沥青可分为煤沥青、木沥青、页岩沥青等。

图 3-70 常用的集料

道路用石油沥青需满足低温抗裂、高温抗车辙、抗疲劳以及抗剥落(与集料间)等方面的性能要求。

对于气候条件恶劣、交通特别繁重的路段,使用普通道路石油沥青不能满足要求时,可以使用改性沥青。改性沥青是指掺加高分子聚合物、磨细的橡胶粉或其他填料型外加剂,与沥青均匀混合,从而使得沥青的性质得以改善并制成的沥青混合物。聚合物改性剂可分为三类:①热塑性橡胶类,如苯乙烯-丁二烯-苯乙烯嵌段共聚物(SBS);②橡胶类,如丁苯橡胶(SBR);③热塑性树脂类,如乙烯－醋酸乙烯共聚物(EVA)、聚乙烯(PE)等。

除了普通道路石油沥青、改性沥青外,公路工程中还使用乳化沥青(Emulsified Asphalt)、泡沫沥青(Foamed Asphalt)等。乳化沥青是将黏稠沥青加热至流动状态,再经高速离心、搅拌及剪切等机械作用,使沥青形成细小的微粒,且均匀分散在含有乳化剂和稳定剂的水中,形成水包油型沥青乳液。乳化沥青在常温下具有较好的流动性,可以常温施工。乳化剂是乳化沥青形成的关键材料,是一种"两亲性分子",分子的一部分具有亲水性,而另一部分具有亲油性,这两个基团使互不相溶的沥青与水连接起来,从而宏观上使得沥青微粒溶于水中。

泡沫沥青是在高温沥青中加水滴形成蒸汽泡,产生连锁反应,显著提高胶合性能的新材料。泡沫沥青黏聚性强且稳定,混合料可以长时间储存,可以冷碾压。泡沫沥青制备工艺如图 3-71 所示。

2. 沥青路面混合料组成设计

沥青路面中常用的混合料包括无机结合料稳定类材料以及沥青混合料,混合料组成设计内容包括矿质混合料组成设计和结合料用量的确定。

矿质集料是混合料中的主要组成部分,在很大程度上影响混合料的性能,因此,混合料组成设计的一个重要内容是合理确定矿质集料的级配组成。所谓矿料的级配(Gradation)组成,是指矿料中不同粒径的粒料相互之间的比例关系,通常称之为矿料级配或简称为级配。级配通常以不同粒径粒料的质量百分率来表示,通常通过筛分试验来确定。筛分试验是将集料通过一系列规定筛孔尺寸的标准筛(图 3-72),测定留在各个筛上的集料质量,根据集料试样的质量与存留在各筛孔上的集料质量,就可以求得一系列与级配有关的参数。

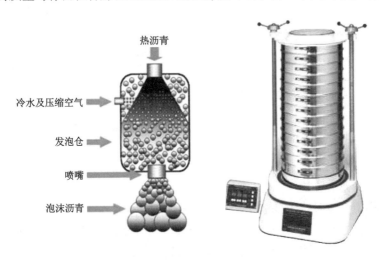

图 3-71　泡沫沥青制备工艺　　图 3-72　标准筛

在混合料中,所用集料的粒径尺寸范围较大,而天然或人工轧制的一种集料一般粒径尺寸范围比较小,难以满足工程对某一混合料的目标级配范围要求。因此需要将两种或两种以上的集料掺配使用,故需进行矿质混合料组成设计,即根据矿质混合料级配要求,确定各种集料在矿质混合料中的合理比例。

无机结合料稳定类材料主要用于沥青路面的基层,性能要求主要包括无侧限抗压强度、抗冲刷能力以及干缩和温缩特性。在进行无机结合料稳定类材料组成设计时,先选定三个无机结合料剂量并成型无机结合料稳定粒料试件,测试试件的 7d 无侧限抗压强度,根据试验结果确定最佳的无机结合料剂量。

沥青混合料配合比设计包括三个阶段:目标配合比设计阶段、生产配合比设计阶段、生产配合比验证阶段,后两个阶段在第一阶段的基础上进行,需借助施工单位的拌和设备、摊铺和碾压设备完成,此处仅介绍沥青混合料目标配合比设计。

目标配合比设计阶段要进行矿质混合料组成设计与最佳沥青用量(或油石比)的确定。规范中给出了密级配沥青混凝土混合料矿料级配范围,最佳沥青用量我国通过马歇尔试验确定。具体地,以预估的油石比为中值,按一定间隔等间距向两侧扩展,取 5 个或 5 个以上不同的油石比分别成型马歇尔试件,测试不同油石比试件的物理、力学指标,根据油石比与物理、力学指标的关系曲线确定最佳的沥青用量。

3. 沥青路面结构设计

沥青路面结构设计包括结构组合设计以及厚度确定。

(1) 沥青路面结构组合设计

路面结构组合设计是根据道路等级、使用要求和设计年限内标准轴载的累计当量轴次,综合考虑筑路材料的供应情况、自然因素的影响程度以及具体的施工条件,确定合理的路面结构层次,为每层选择适用、经济的组成材料,并初步拟定部分甚至全部结构层的厚度。

沥青路面常使用的基层材料包括无机结合料类、沥青结合料类、粒料类以及水泥混凝土,底基层材料则常包括无机结合料类和粒料类。初定厚度时,需参考规范的相应表格进行,例如表 3-1 为无机结合料类基层(无机结合料类底基层)沥青路面厚度组合。

无机结合料类基层(无机结合料类底基层)沥青路面厚度组合(单位:mm)　　表 3-1

交通荷载等级	特重、极重	重	中等	轻
面层	220	180	150	100
基层(无机结合料类)	400	400	350	450
底基层(无机结合料类)		200		—

(2) 沥青路面厚度确定

对于路面结构组合设计推荐的各结构层材料和厚度,需要通过某种路面设计方法来进行路用性能的预估,检验初拟的路面结构是否合理。沥青路面设计方法,可分为经验法和力学-经验法两大类。经验法主要通过对试验路或使用道路的试验观测,建立路面结构(结构层组合、厚度和材料性质)、车辆荷载(轴载大小和作用次数)和路面使用性能之间的关系。力学-经验法应用力学原理分析路面结构在荷载与环境作用下的力学响应量(应力、应变、位移),建立力学响应量与路面使用性能之间的关系模型。按使用要求,运用该关系模型完成结构设计。现在各国多用力学-经验法进行沥青路面结构设计。

对初选路面结构,检验初选路面结构各性能指标是否满足要求。具体地,要验算在路面使用期间,沥青层以及无机结合料层是否会产生疲劳开裂,沥青层以及路基是否会产生过量的永久变形,路面是否会产生过量的低温开裂(Low-temperature Cracking)、抗滑(Skid Resistance)和平整度(Roughness)是否满足要求。

根据结构分析结果和工程经验,再结合全寿命费用成本分析,确定路面结构方案。

4. 沥青路面施工

沥青路面的施工,包括无机结合料稳定类基层、粒料基层以及沥青混合料面层等的施工。粒料基层的施工比较简单,故本节仅介绍无机结合料稳定类基层以及沥青混合料面层的施工。

(1)无机结合料稳定类基层的施工

无机结合料稳定类材料的拌和是一个关键的施工工序,分为路拌法和厂拌法两种,这两种方法分别在施工现场和拌和厂对土(或粒料)和无机结合料进行拌和。路拌法施工包括以下工艺:施工准备、运料和堆料、摊铺土和结合料、拌和与洒水、整形、碾压、养生等。路拌法常采用无机结合料稳定土拌和机(图3-73)进行拌和,用平地机(图3-74)进行整形。厂拌法施工包括以下工艺:施工准备、拌和、运料、摊铺、碾压、养生等。厂拌法常采用无机结合料稳定土拌和站(图3-75)进行拌和,用沥青混凝土摊铺机或稳定土摊铺机(图3-76)摊铺混合料。

图3-73 稳定土拌和机

图3-74 平地机

图3-75 稳定土拌和站

图3-76 稳定土摊铺机

(2)沥青混合料面层的施工

沥青混合料面层的施工分为层铺法、路拌法和厂拌法。层铺法是分层洒布沥青,分层铺洒矿料和碾压的方法,按这种方法重复几次做成一定厚度的层次。路拌法即在施工现场将沥青和矿料进行拌和、摊铺和碾压。厂拌法即集中设置拌和基地,将矿料和沥青加热拌和,然后将混合料运至工地进行摊铺和碾压,碾压终了即可开放交通。

厂拌法沥青混凝土拌和机如图3-77所示。沥青混凝土拌和机分为间歇强制式和连续滚筒式。前者在每盘拌和时,计量混合料中各种材料的质量,而后者则在计量各种材料之后，再连续不断地送进拌和器中拌和。

图 3-77　沥青混凝土拌和机

沥青混合料摊铺机如图 3-78 所示，当路面较宽时，常采用两台以上摊铺机进行梯队作业（图 3-79）。

图 3-78　沥青混合料摊铺机

图 3-79　摊铺机梯队作业

沥青混合料的压实是保证沥青路面质量的重要环节。沥青混合料的压实包括初压、复压和终压三个阶段，压路机压实如图 3-80 和图 3-81 所示。

图 3-80　轻型钢筒压路机初压

图 3-81　轮胎压路机复压

三、水泥混凝土路面设计与施工

1. 水泥混凝土路面原材料

水泥混凝土路面结构包括无机结合料稳定类基层、水泥混凝土面层等结构层。无机结合料稳定类基层的原材料已经在沥青路面的原材料部分做了介绍,不再赘述,故仅对水泥混凝土面层的原材料进行介绍。

在水泥混凝土中,粗集料是指粒径大于4.75mm的碎石、砾石及破碎砾石,细集料是指粒径小于4.75mm的天然砂、人工砂等。

2. 水泥混凝土路面混合料组成设计

无机结合料稳定类材料的混合料组成设计在前文已经介绍,本节仅介绍水泥混凝土的混合料组成设计。

水泥混凝土的混合料组成设计包括矿料级配组成设计以及水泥用量、用水量、外加剂、掺合料等的确定。《公路水泥混凝土路面施工技术细则》(JTG/T F30—2014)规定了水泥混凝土中粗、细集料的级配范围,给出了混凝土配合比设计方法。混凝土配合比设计包括目标配合比设计和施工配合比设计两个阶段。目标配合比设计应确定混凝土的水泥用量、集料用量、水灰比(Water-cement Ratio)、外加剂掺量,纤维混凝土还应确定纤维掺量。施工配合比设计应通过拌和楼试拌确定拌和参数。目标配合比设计应按下列要求进行:

(1)根据原材料、路面结构及施工工艺要求,通过计算或正交试验拟定混凝土配合比的控制性参数。

(2)按拟定配合比进行试验室试拌,实测各项性能指标,选择混凝土的弯拉强度、工作性、耐久性满足要求,且经济合理的配合比作为目标配合比。

(3)根据拌和楼(机)试拌情况,对试拌配合比进行性能检验和调整,直至符合目标配合比要求。

施工配合比应符合目标配合比的实测数据,并应按下列要求进行:

(1)施工配合比中的水泥用量可根据拌和过程中的损耗情况,较目标配合比适当增加$5\sim10kg/m^3$。

(2)根据目标配合比计算各种原材料用量,按照实际生产要求进行试拌。

(3)进行混凝土的弯拉强度、工作性和耐久性检验,确定是否满足要求。

(4)总结试验数据,提出施工配合比,确定设备参数,明确施工中根据集料实际含水率调整拌和楼(机)上料参数和加水量的有关要求。

3. 水泥混凝土路面结构设计

水泥混凝土路面结构设计包括结构组合设计、厚度确定、接缝设计、配筋设计等。

(1)结构组合设计

水泥混凝土路面包括面层、基层(可能含底基层)、垫层等结构层。

水泥混凝土路面面层一般采用接缝设置传力杆的普通水泥混凝土。面层板的平面尺寸较大或形状不规则,路面结构下埋有地下设施,高填方、软土地基、填挖交界段的路基有可能产生不均匀沉降时,应采用接缝设置传力杆的钢筋混凝土面层。水泥混凝土面板厚度可参照规范的表格选取。

基层和底基层应具有足够的抗冲刷能力和适当的刚度。适用于各交通荷载等级的基层和底基层类型见表3-2。

适用于各交通荷载等级的基层和底基层类型 表3-2

交通荷载等级	基层类型	底基层类型
极重、特重	贫混凝土、碾压混凝土	级配碎石
	沥青混凝土	级配碎石、水泥稳定碎石、石灰-粉煤灰稳定碎石
重	密级配沥青稳定碎石	级配碎石、水泥稳定碎石、石灰-粉煤灰稳定碎石
	水泥稳定碎石	级配碎石
中等、轻	级配碎石	未筛分碎石、级配砾石,或不设
	水泥稳定碎石、石灰-粉煤灰稳定碎石	未筛分碎石

(2)厚度确定

对于水泥混凝土路面结构组合设计推荐的各结构层材料和厚度,还要通过水泥混凝土路面设计方法进行检验,然后才能最终确定路面各结构层的厚度。类似沥青路面设计方法,水泥混凝土路面设计方法目前常用的也是力学-经验法,即应用力学原理分析路面结构在荷载与环境作用下的力学响应量(应力、应变、位移),建立力学响应量与路面使用性能之间的关系模型。

混凝土板具有很大的刚度,板体性强,在荷载作用下变形很小,基本上处于弹性工作状态,可以把它看成弹性的板体;另一方面,板体在垂直荷载作用下产生的挠度很小,因而支撑它的基层和土基的变形也很小,可以认为是一个弹性地基。因此,水泥混凝土路面设计中,采用弹性半无限地基上的弹性小挠度薄板理论和有限元法计算车辆荷载、温度梯度、温度下降等引起的车辆荷载应力、温度翘曲应力、温度胀缩应力等力学响应量。

在我国现行规范中,水泥混凝土路面设计仅检验水泥混凝土路面的疲劳开裂和极限开裂(即在最大荷载作用一次的情况下开裂),计算应力时包括车辆荷载应力和温度梯度引起的翘曲应力。

(3)接缝设计

水泥混凝土路面面层具有热胀冷缩的性质,由于一年四季气温的变化,混凝土板会产生不同程度的膨胀和收缩。如果不设任何接缝,长达数公里的混凝土板为一个整体,则会产生不规则的收缩开裂和膨胀破坏,为了避免这种情况需设置接缝。另外,因施工的中断(如每天完工或者因下雨停工时)需要设置施工缝。设置接缝的水泥混凝土路面如图3-82所示。

接缝按方向分为横缝和纵缝,分别垂直和平行于行车方向。横缝按功能分为缩缝(Contraction Joint)、胀缝(Expansion Joint)和施工缝(Construction Joint)。缩缝保证板因温度和湿度降低而收缩时沿该薄弱面缩裂,从而避免产生不规则的裂缝。胀缝保证板在温度升高时能部分伸张,从而避免路面板在热天产生拱胀和折断破坏,同时也能起到缩缝的作用。施工缝则是每日施工结束或者因临时原因中断施工时,必须设置的接缝,其位置常选在缩缝或胀缝处。纵缝有施工缝和缩缝两种形式。

图 3-82 设置接缝的水泥混凝土路面

(4)配筋设计

普通的接缝式水泥混凝土路面(Jointed Plain Concrete Pavement)一般仅在板的边缘和角隅配钢筋,在面层内其他区域不配筋,而其他水泥混凝土路面有的则在更多的部位配置钢筋。其中,面层内配置纵横向钢筋或钢筋网并设接缝的水泥混凝土路面称为钢筋混凝土路面(Jointed Reinforced Concrete Pavement);面层内配置纵向连续钢筋和横向钢筋,横向不设缩缝的水泥混凝土路面称为连续配筋混凝土路面(Continuously Reinforced Concrete Pavement),其钢筋网如图 3-83 所示。连续配筋混凝土路面由于不设接缝,行车舒适,耐久性好,宜用于高速公路和交通量特别大的其他等级公路。

图 3-83 连续配筋混凝土路面面层钢筋网

4. 水泥混凝土路面施工

水泥混凝土路面的施工,包括无机结合料稳定类基层、粒料基层以及水泥混凝土面层等的施工。其中粒料基层的施工比较简单,无机结合料稳定类基层的施工技术与沥青路面中无机结合料稳定类基层的相同,故本节仅介绍水泥混凝土面层的施工。

水泥混凝土面层的施工过程包括混凝土拌合物搅拌与运输、混凝土面层铺筑和面层接缝施工、抗滑构造施工与养生等环节。

(1)混凝土拌合物搅拌与运输

在搅拌站内利用混凝土拌和机(图3-84)进行拌和,混合料拌合物应均匀一致。混合料的运输可以采用自卸汽车或者混凝土罐车。

(2)混凝土面层铺筑

混凝土面层铺筑包括布料、振捣、整平饰面、精平饰面等工序。使用的摊铺设备包括滑模摊铺机(图3-85)、三辊轴机组(图3-86)等。

图3-84 水泥混凝土拌和机

图3-85 滑模摊铺机

图3-86 三辊轴机组

(3)面层接缝施工、抗滑构造施工与养生

在面层铺筑过程中设置接缝,或者待铺筑完面层在其表面锯缝(或压缝)(图3-87)。为保证行车安全,混凝土表面必须粗糙抗滑,通常采用拉毛和刻槽的工艺来制作抗滑的细构造和粗构造。拉毛如图3-88所示,刻槽后的路面如图3-89所示。为防止混凝土中水分蒸发过快而产生缩裂,并保证水泥水化过程的顺利进行,对混凝土路面应及时养生(Curing),养生的方法有洒水、覆盖塑料薄膜、土工布、湿麻袋或草垫、喷洒养生剂等,如图3-90所示。

图3-87 水泥混凝土路面锯缝

图3-88 水泥混凝土路面拉毛

图3-89 水泥混凝土路面刻槽

图3-90 覆盖养生

四、路面养护与管理

路面在汽车荷载反复作用和自然因素的长期作用下,其使用性能会发生衰减,逐渐出现破坏。因此,为保证路面具有良好的质量水平和服务能力,需对路面进行合理的养护与管理。不同的路面破坏类型需要不同的养护措施,因此需对路面状况进行检测和质量评价,然后才能确定相应的养护对策。另外,当多条路需要进行养护时,在资金有限的条件下,为了使得效益最大化,如何确定各路的养护顺序,需要借助路面养护管理系统进行决策。

1. 路面检测与质量评价

从路面损坏状况、行驶质量、抗滑性能、车辙深度、结构强度等五个方面对路面进行检测和评价。

(1) 路面损坏状况检测和评价

路面结构的损坏状况,须从三方面进行描述:损坏类型、损坏严重程度、出现损坏的范围或面积。路面损坏的检测可以用人工进行,但多用机器进行检测。在路面损坏自动化检测领域,目前以基于摄影/摄像和模式识别技术的图像检测方法应用最为广泛。

路面表面各类破坏通过其对路面使用性能的影响程度加权累计计算换算损坏面积,换算损坏面积与调查面积之比称为路面破损率(DR),可以用来表征路面的损坏状况。

(2) 路面行驶质量检测和评价

路面的基本功能是为车辆提供快速、安全、舒适和经济的行驶表面,路面行驶质量主要反映其中的舒适性状况。从路面的角度,影响路面行驶质量的主要因素是路面的平整度。平整度的测试设备分为反应类和断面类两种。反应类平整度检测是通过安装在车体上的传感装置测量车辆以一定速度驶经不平整路面时悬挂系统的动态反应(竖向位移、竖向加速度等),以此来间接反映路面的平整程度。反应类测试设备包括颠簸累积仪(图3-91)、BRDAS平整度仪等。断面类平整度检测是直接测量路面纵断面形状(高程),然后再通过一综合性数学统计量来表征平整度状况。属于这一类型的测试方法或设备包括:水准测量、3m直尺测量(图3-92)、连续式平整度仪等。

图3-91 颠簸累积仪

图3-92 利用3m直尺测量平整度

常用3m直尺的最大间隙值、竖向颠簸累积值、国际平整度指数(International Roughness Index,IRI)等来表征路面平整度的优劣。

(3)路面抗滑性能检测和评价

路面抗滑性能直接影响公路行车的安全性。路面摩擦系数是表征路面抗滑性能的重要指标,常用摆式仪(图3-93)、摩擦系数测试车(图3-94)等设备来测试,测试结果分别记为BPN和横向力摩擦系数(SFC)。另外,路面表面的构造影响路面的抗滑性能。表面构造包括微观构造和宏观构造。微观构造指集料表面的粗糙度,它主要提供车辆低速行驶时的抗滑性能;宏观构造即路面纹理深度,是路表外露骨料间形成的构造,主要功能是使车轮下的路表水迅速排出,避免形成水膜,在高速行车时起主要作用。常用铺砂法和激光技术测试路面的纹理深度(或称构造深度),它也是路面抗滑性能的指标之一。

图3-93 摆式仪

图3-94 摩擦系数测试车

(4)路面车辙深度检测和评价

车辙是沥青路面的一种主要损坏形式,车辙的存在严重缩短了路面的使用寿命,降低了公路的服务质量,构成了交通运输的安全隐患。鉴于此,将路面车辙深度RD作为独立的检测指标。车辙深度检测方法或设备有直尺测量(图3-95)、精密水准测量、表面高程计、路面轮廓扫描仪和3D激光车辙扫描系统(图3-96)等。

图3-95 直尺测量车辙

图3-96 3D激光车辙扫描系统

(5)路面结构强度检测和评价

沥青路面结构强度又称沥青路面结构承载能力,是指沥青路面在达到预定的损坏状况之前能承受的行车荷载作用次数或者能使用的年数。沥青路面结构承载能力的测定,可分为破损类和无破损类两种。前者从路面各结构层内钻取试样,试验确定其各项计算参数,通过同设计标准相比较,估算其结构承载能力。后者则通过路表的无破损弯沉(Deflection)测定,估算路面的结构承载能力。无破损弯沉是路面结构强度的主要测定方式。目前使用的弯沉测定系统可分为静态弯沉和动态弯沉两种,利用贝克曼梁(图3-97)和自动弯沉仪等静态加载试验方法得到静态弯沉,利用落锤式弯沉仪(图3-98)、稳态动弯沉仪和激光弯沉仪等动态加载试验方法得到动态弯沉。

图3-97 利用贝克曼梁测试弯沉

图3-98 落锤式弯沉仪

(6)路面使用性能评定

综合以上几个方面对路面性能进行综合评价。

沥青路面使用性能评价包含路面损坏状况、平整度、车辙深度、抗滑性能和结构强度五项技术内容。其中,路面结构强度为抽样评定指标,单独计算与评定,评定范围根据路面大中修养护需求、路基的地质条件等自行确定。

水泥混凝土路面使用性能评价包含路面损坏状况、平整度和抗滑性能三项技术内容；砂石路面使用性能评价只包含路面损坏状况一项技术内容。

2. 路面养护技术

路面的养护工作按其作业性质、规模和时效性不同，分为日常养护、小修保养、中修、大修、改建和专项养护工程等，其具体划分如下：

（1）小修保养工程

对公路及其工程设施进行预防性保养，修补其轻微损坏部分，使之经常保持完好状态的工程项目。

（2）中修工程

对公路及其工程设施的一般性磨损和局部损坏进行定期的修理加固，以恢复原状的小型工程项目。其主要内容有：①罩面；②局部严重病害处理；③整段更换路面缘石、维修路肩。

（3）大修工程

对公路及其工程设施的较大损坏部分，进行周期性的综合修理，以全面恢复到原设计标准，或在原技术等级范围内进行局部改善，或个别增建设施，以逐步提供公路通行能力的工程项目。大修工程的内容包括路面的翻修、补强等。

（4）改建和专项养护工程

对于不适应交通量和轴重需要的公路及其工程设施，分期逐段提高技术等级，或通过改善显著提高其通行能力的较大工程项目。改建工程的工作内容有：①提高路面等级；②补强；③加宽；④局部改线。对不适应交通要求、不符合路线标准的路段，通过局部改线，提高公路等级，使其符合技术标准要求。

根据养护的目的和功能将路面养护划分为预防性养护、矫正性养护、应急性养护。这种分类方法最主要的就是养护的时效性，在不同的路面状况阶段，养护目的和功能也不同。

预防性养护（Preventative Maintenance）是指那些带有保护路面，防止病害的进一步扩展和以减缓路面使用性能的恶化速率以及延长路面使用寿命为目的的主动养护作业方式。预防性养护通常用于没有发生损坏或只有轻微缺陷与病害迹象的路面，减少对被动性养护的需求。

矫正性养护（Correction Maintenance）是指那些用来修复路面局部损坏或者某种特定病害的养护作业，它通常用于路面已经发生局部的结构性损坏，但还没有扩散至全局的场合，如路面磨光、中等至严重的车辙，或大面积裂缝等情况。

在路面发生紧急状况，如翻浆或严重的坑槽时，或如出于安全考虑，方便车辆通行，所进行的临时性路面病害维修，可采用应急性养护措施。这种养护旨在短期内保持路面的性能，直至采用永久性的修复措施，也被叫作临时处理。应急性养护也包含那些在大范围的修复或重建之前采取的一些保持路面性能的措施。

3. 路面养护管理系统(Pavement Management System)

前文已经给出了不同的路面状况所适合采取的养护对策,但对于公路养护部门做决策而言是不够的。如对于一个公路网,如省、市的公路网或一大批工程项目,可能有多个项目均需要养护,但限于资金和人员等条件,不能对于所有的项目均按需进行养护,需要在给定的限制条件下,进行资金分配方案的分析,选择最经济有效的方案,合理地分配和使用有限的养护资金,确定各项目的优先顺序,最大限度地满足系统的要求。再如,对于一个项目而言,可能有多个养护对策可供选择,故需对养护项目进行进一步的详细分析,最终选定工程费用-效果最佳的养护方案。

路面养护管理系统则是通过应用系统分析的方法,综合考虑技术、经济、社会和政治等方面因素,协调各项路面养护管理活动,促使路面养护管理过程系统化。它是为管理部门的决策人提供分析的工具和方法,帮助他们考虑和分析比较各项可能的对策,定量地预估各项对策的后效,在预定的标准和约束条件下,选用费用-效果最佳的方案。

路面养护管理系统,一般划分为网级管理系统和项目级管理系统两个层次。网级管理系统通常包括一个地区,如省、市的公路网或一大批工程项目。项目级管理系统则针对一个工程项目,它的主要任务是为管理部门对某一工程进行技术决策时提供对策,以选择费用-效果最佳的方案。

五、路面排水系统

沥青路面或者水泥混凝土路面的很多病害都是由于水引起的,因此应设置专门的排水系统,拦截可能会进入路面的水,同时排出已经进入路面的水。路面排水系统主要包括路面表面排水系统、中央分隔带排水系统和路面内部排水系统。

1. 路面表面排水系统

为防止路面积水影响行车安全,需要尽快把降落在路面和路肩表面的降水排走。在路线纵坡平缓、汇水量不大、路堤较低且边坡不会受到冲刷的情况下,可以采用在路堤边坡上横向漫流的方式排除路面表面水。在路堤较高,边坡坡面未做防护而易遭受水流冲刷,或者坡面已经采取防护措施但仍有可能受到冲刷时,应沿路基外侧边缘设置拦水带,汇集路面表面水,然后通过泄水口(图 3-99)和急流槽排出路基。

2. 中央分隔带排水系统

降落在中央分隔带范围内的水,部分经表面排出,部分可能会渗入到中央分隔带内部。后面这部分水需要通过专门的中央分隔带内部排水系统(图 3-100)排出,以免影响路基路面的稳定。

3. 路面内部排水系统

为排出渗入到路面结构内的水,需设置路面内部排水系统。路面内部排水系统分为路面边缘排水系统以及基层排水系统两种类型。路面边缘排水系统是将渗入路面结构内的自由水,先沿路面结构层空隙横向流入纵向集水沟和排水管,再由横向出水管引出路基。基层排水系统是在路面边缘排水系统的基础上增加了排水基层,渗入路面结构内的水经过排水基层流入纵向集水沟和排水管。

图 3-99　泄水口(下连急流槽)

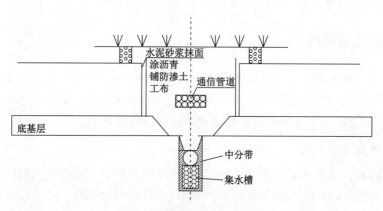

图 3-100　中央分隔带内部排水系统

第三节　公路工程方向的前沿发展

随着材料科学、计算机技术、网络技术等的发展,出现了很多新型公路技术。新型公路主要分为绿色公路和智慧公路两个方向。绿色公路是将可持续发展理念运用到公路的立项、设计、施工和运营过程的各个阶段,在公路的全寿命周期内,最大限度节约资源、保护环境和减少污染,并为人们提供便捷、高效、舒适的出行,与自然和谐共生的道路。智慧公路(或称智能公路)是智能交通的一个组成部分,指借助云计算、物联网、移动互联网、大数据、人工智能等新一代信息技术并引入互联网思维,构建以数据为核心的高速公路协同管控与创新服务体系,实现高速公路管理科学化、运行高效化和服务品质化,促进高速公路行业健康、可持续发展。本节的绿色公路和智能公路主要介绍其中的路基路面工程部分。

一、绿色公路

根据交通运输部《关于实施绿色公路建设的指导意见》,在绿色公路建设过程中,主要通过以下途径实现生态保护和资源节约的目标:

(1)集约利用通道资源。按照"统筹规划、合理布局、集约高效"原则,统筹利用运输通道资源。鼓励公路与铁路、高速公路与普通公路共用线位。改扩建公路要充分发挥原通道资源作用,安全利用原有设施。

(2)严格保护土地资源。科学选线、布线,避让基本农田,禁止耕地超占,减少土地分割。积极推进取土、弃土与改地、造地、复垦综合措施,高效利用沿线土地。因地制宜采用低路堤和浅路堑方案,保护土地资源。统筹布设公路施工临时便道、驻地、预制场、拌和站等,做到充分利用,减少重复建设。

(3)积极应用节能技术和清洁能源。加强隧道等设施节能设计,推进节能通风与采光等技术应用。推广应用供配电系统节能技术、LED节能灯具、照明智能控制系统、温拌沥青技术和冷补养护技术等新技术与新设备。加快淘汰高能耗、高排放的老旧工程机械。因地制宜推广太阳能、风能、地热能、天然气等清洁能源应用。图3-101为热拌和温拌沥青混合料的对比图。

图3-101 热拌和温拌沥青混合料对比图

(4)大力推行废旧材料再生循环利用。积极推行废旧沥青、钢材、水泥等材料再生和循环利用,推广粉煤灰、煤矸石、矿渣、废旧轮胎等工业废料的综合利用,开展建筑垃圾的无害化处理与利用。积极应用节水、节材施工工艺,实现资源高效利用。图3-102为沥青路面再生的现场。

图 3-102　沥青路面再生现场

（5）推行生态环保设计。加强生态选线，依法避绕自然保护区、水源地保护区等生态环境敏感区。推行生态环保设计和生态防护技术，重点加强对自然地貌、原生植被、表土资源、湿地生态、野生动物等方面的保护。增强公路排水系统对路面和桥面径流的消纳与净化功能。图 3-103 为西汉高速公路的景色。

图 3-103　西汉高速公路美景

（6）严格施工环境保护。加强施工过程中的植被与表土资源的保护和利用，落实环境保护、水土保持要求，做好临时用地的生态恢复。完善施工现场和驻地的污水垃圾收集处理措施，加强施工扬尘与噪声监管，推进公路施工、养护作业机械尾气处理。在环境敏感区域施工，应制订生态环保施工专项方案，严格落实环保措施，降低施工对环境的影响。

（7）加强运营期环境管理。加强各类环保设施的维护与运行管理，探索推行环境管理的市场服务机制，确保排放达标。全面推进沿线附属设施污水处理和利用，实现垃圾分类收集和无害化处置。强化穿越敏感水体路段的径流收集与处置。

二、智能公路

智能道路系统（Intelligent Roadway System，IRS）作为智能交通系统的一个重要组成部分，是以先进的信息与通信技术作为核心，由用户、道路、车辆三者所共同组成的综合体。

智能道路设施作为 IRS 的重要设施部分,包括了智能路基、智能附属设施和智能路面,其中以智能路面发展较为迅速。Wang Linbing 等学者将智能路面划分为 4 个层次,分别是信息感知获取层、信息集成处理层、能量供给层和综合服务层。

信息感知获取层主要通过各种传感器和检测设备采集与获取交通轴载、振动加速度、路面结构内部的温湿度变化、应力-应变响应、路面二维图像和三维形貌以及地理和环境等多元化数据。信息集成处理层主要是对收集到的海量数据进行统计、分析和计算,从而进行路面状况评价和性能预测,主要由云平台技术和大数据技术组成,实现人-车-路数据的存储、信息挖掘和决策支持。能量供给层指能量的收集系统。智能路面能够收集的能量主要有机械能、热能、太阳能等。综合服务层指智能路面主动地调整和适应外界环境的变化,表现为结构内部温、湿度自调控,损伤自愈合,自清洁,自动融冰雪等自适应行为,以及通过物联网技术与用户接口,与行业需求结合,实现"车-路-人-环境"协同智能。此外,路面的智能建造也可以归入综合服务层。下面对智能路面的材料与结构中涉及的技术进行简单介绍。

1. 能量收集技术

智能路面能量收集技术主要包括机械发电、热电以及光电技术等方面。路面的机械能收集主要是利用压电材料的压电效应,将行车荷载作用下路面或压电结构的形变能转化为电能进行存储或利用。由机械外力作用而使石英晶体表面激发出电荷的现象称为压电效应(Piezo-electirc Effect)。

路面热电能收集主要有地热能发电和路面温差发电两种形式。地热能发电是利用地下热水和蒸汽为动力源的一种新型发电技术。路面温差发电的原理是热电效应,即当受热物体中的电子随着温度梯度由高温区往低温区移动时,所产生电流或电荷堆积的一种现象。将具有热电效应的半导体材料制成的温差发电片嵌入道路内部,制备如图 3-104 所示的沥青路面温差发电系统。该系统的具体工作原理为:利用沥青混凝土面层收集外界热量,由于沥青的导热系数较小,内部积蓄的大量热能不易释放,而路面下布置的传导材料具有良好的导热性,迅速将热量传导至温差发电装置,发电装置布置在沥青路面基层中距地表约 20cm 处,利用与土基冷端传导材料的温差即可将路面采集的热量转化为电能。

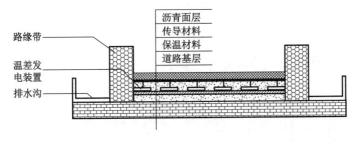

图 3-104　沥青路面温差发电系统

光伏路面最上面一层是类似毛玻璃的半透明新型材料,摩擦系数高于传统沥青路面。在保证轮胎不打滑的同时,还拥有较高的透光率,可以让阳光穿透它,使下面的太阳能电池把光能转化为电能,实时将其输送到电网,就好像一个巨大的"充电宝"。某光伏路面实体工程见图3-105。

图3-105 光伏路面

2.路面降温技术

沥青对太阳热辐射能量的吸收率可以达到0.8~0.95,造成沥青路面温度过高,进而产生泛油、车辙、拥包等病害。另外,沥青路面还将大量的热能向周围环境释放,加剧了城市热岛效应。

通过优化道路结构设计和材料组成改进路面热物理特性,可达到降低路面温度的效果。根据不同降温机理,分为热反射、大孔隙、保水式、相变式、热阻式等多种降温路面。

(1)热反射涂层路面(Solar Reflective Coating Pavement)

提高路面对太阳光的辐射率和反射率,可以有效降低路面温度。在路表面涂覆热反射涂层,通过涂层反射太阳光辐射,降低路面对太阳光辐射的吸收,可达到降低路面温度的目的。

(2)大孔隙路面(Porous Pavement)

大孔隙路面具有较大的空隙率(该路面使用的沥青混合料如图3-106所示),其热导率是普通沥青路面的40%~70%,能极大地降低路面温度;同时,大孔隙路面的多孔结构在降雨后能够通过孔隙实现对部分雨水的蒸发,可有效降低路面温度。

图3-106 大孔隙排水沥青混合料

(3) 保水式路面(Water Retaining Pavement)

保水式路面是在大孔隙路面的孔隙中填充保水性材料,使得路面结构具有吸水和保水功能的路面。该路面可降低路面温度约 10℃。

(4) 相变式路面(Phase-change Pavement)

相变材料是指能够发生相变的物质,相变的过程中往往伴随着热能的迁移(吸热或放热)。相变材料常用于调节沥青路面的温度,在夏季它通过相变储存热量,降低路面的温度。

(5) 热阻式路面(Thermal Resistance Pavement)

热阻式路面是指通过选用热阻系数大的特殊集料代替普通碎石集料,降低路面吸热能力,减少向下传递的热量,从而达到降低沥青路面整体温度的目的的路面。应用于道路的热阻材料主要有膨胀蛭石、煅烧铝矾土、陶瓷颗粒、绝热泡沫玻璃等。

3. 自动除冰雪技术

目前主要通过清除法和融化法来处理冰雪灾害,但这些常用的除冰雪措施不仅效率低下,还有可能对路面以及周围的生态环境造成破坏,很难满足实时环保的除冰雪需求。为了使路面具备自动除冰雪能力,一些相关的智能技术应运而生,主要包括环保型融雪材料技术、智能控制技术等。

前述的相变材料在冬季通过相变释放热量,可提高路面的温度,从而可以除冰雪。另外,人们开发出路面除雪融冰智能控制与远程监控系统,对环境温、湿度进行实时监测,当达到设定阈值时(此时开始结冰)自动开启加热控制器对路面进行加热,或者喷洒环保型除冰剂进行除冰。

4. 裂缝自愈合(Self Healing)技术

一般的材料,在使用过程中先出现微裂纹,在荷载的持续作用下裂纹扩展,最终会形成较大的裂缝。自愈合材料则能够对微裂纹进行及时修复,阻止或延迟裂纹的发展。将自愈合材料掺入到沥青路面中形成自愈型沥青路面。

目前沥青路面自愈合增强技术可分为两类:①主动增强技术,即在沥青中掺加一些高分子材料来提升沥青的自愈合能力,或者通过优化沥青混合料的组成来提升沥青混合料的自愈合能力;②被动增强技术,即采用仿生原理,模拟生物体的损伤愈合现象,以物质补偿或者能量补偿等方法,增强沥青路面的自愈合效率,代表性的主要有微胶囊法、加热法。

微胶囊法是将内含修复剂的胶囊分散到基体材料中,材料在外力作用下产生裂纹,裂纹扩展使部分胶囊破裂,修复剂流出并深入裂纹,使材料裂纹愈合;或者含修复剂的胶囊和催化剂分散在基体材料中,一旦材料在外力作用下发生开裂,胶囊破裂,修复剂在基体中的催化剂作用下发生化学反应而自动愈合。图 3-107 为微胶囊自愈合示意图。

加热法是指通过加热使得沥青融化,从而修复沥青路面中的微裂缝。加热的方式有外界电磁感应方法和微波加热法等。

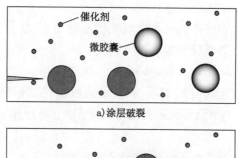
a) 涂层破裂

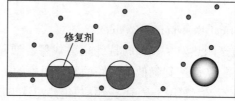
b) 修复剂填充破损处

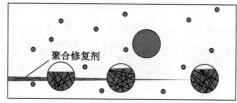
c) 聚合反应-自修复过程

图 3-107　微胶囊自愈合示意图

5. 车路协同(Vehicle Infrastructure Cooperation)技术

目前,无人驾驶汽车正在迅猛发展。智能的车需要智能的路,车路协同是实现车路之间全面互联互通的一项重要技术。具体地说,车路协同是采用先进的无线通信和新一代互联网等技术,全方位实施车车、车路动态实时信息交互,并在全时空动态交通信息采集与融合的基础上开展车辆主动安全控制和道路协同管理,充分实现人车路的有效协同,保证交通安全,提高通行效率,从而形成的安全、高效和环保的道路交通系统。

6. 智能建造(Intelligent Construction)技术

智能路面内埋设有大量的传感器,传统的建造方式很容易破坏这些传感器。路面的智能建造是指采用装配式、模块化、工业化的建造手段进行智能路面的铺设,同时结合建筑信息模型(Building Information Modeling,BIM)、3D 打印(3D Printing)、智能压实(Intelligent Compaction)等多种先进技术,保障智能路面施工的安全性和高效性。

BIM 技术是一种应用于工程设计、建造、管理的数据化工具,通过对建筑的数据化、信息化模型整合,在项目策划、运行和维护的全生命周期过程中进行共享和传递,使工程技术人员对各种建筑信息作出正确理解和高效应对,为设计团队以及包括建筑、运营单位在内的各方建设主体提供协同工作的基础,在提高生产效率、节约成本和缩短工期方面发挥重要作用。BIM 在建筑行业已经获得广泛应用,目前也已经开始应用于交通基础设施领域的建设。

3D打印,又称增材制造,是融合了计算机辅助设计、材料加工与成型技术,以数字模型文件为基础,通过软件与数控系统将专用的金属材料、非金属材料以及医用生物材料,按照挤压、烧结、熔融、光固化、喷射等方式逐层堆积,制造出实体物品的制造技术。与传统的、对原材料去除-切削、组装的加工模式不同,其是一种"自下而上"通过材料累加的制造方法,从无到有。这使得过去受到传统制造方式的约束,而无法实现的复杂结构件制造变为可能。但由于适用于实际路面的3D打印材料种类和性能的限制,以及大尺寸3D打印装备的缺乏,目前3D打印技术在路面工程领域的应用还较少。

智能压实控制技术是指在填筑体填筑碾压过程中,根据填筑体与振动压路机之间的相互作用原理,通过对振动压路机的振动轮竖向振动响应信号进行连续测量,建立检测评定与反馈控制体系,从而实现对整个碾压面压实质量的实时动态检测与控制。使用智能压实技术可以获得更好的压实效果。

[1] 沙爱民.路基路面工程[M].北京:高等教育出版社,2011.
[2] 黄晓明.路基路面工程[M].6版.北京:人民交通出版社股份有限公司,2019.
[3] 中华人民共和国交通运输部.公路路基设计规范:JTG D30—2015[S].北京:人民交通出版社股份有限公司,2015.
[4] 中华人民共和国交通运输部.公路沥青路面设计规范:JTG D50—2017[S].北京:人民交通出版社股份有限公司,2017.
[5] 中华人民共和国交通运输部.公路水泥混凝土路面设计规范:JTG D40—2011[S].北京:人民交通出版社,2011.
[6] 中华人民共和国交通部.公路沥青路面施工技术规范:JTG F40—2004[S].北京:人民交通出版社,2004.
[7] 中华人民共和国交通运输部.公路水泥混凝土路面施工技术细则:JTG/T F30—2014[S].北京:人民交通出版社,2014.
[8] 中华人民共和国交通运输部.公路排水设计规范:JTG/T D33—2012[S].北京:人民交通出版社,2012.
[9] 中华人民共和国交通运输部.公路养护技术规范:JTG H10—2009[S].北京:人民交通出版社,2009.
[10] Wang Linbing,王含笑,赵千,等.智能路面发展与展望[J].中国公路学报,2019,32(4):50-72.

第四章

桥梁工程

桥梁(Bridge)是供车辆和行人等跨越障碍(河流、山谷、海湾或其他线路等)的工程建筑物。简而言之,桥梁就是跨越障碍的通道。"跨越"一词,突出表现了桥梁不同于其他工程建筑物的结构特征。

桥梁工程(Bridge Engineering)是土木工程的一个分支,指研究桥梁的规划、勘察、设计、施工、运营、管理和养护维修的一门应用科学和工程技术。

桥梁是服务于线路的。从线路(公路、铁路或城市道路)的角度讲,桥梁就是线路在延伸至上述障碍时的跨越部分或连接部分。线位的高低关系到桥梁及隧道的长度和数量,如图 4-1 所示,线位提高,路基及隧道的总长度将减少,桥梁的总长度增加;线位降低,路基及隧道的总长度将增加,桥梁的总长度则减少。

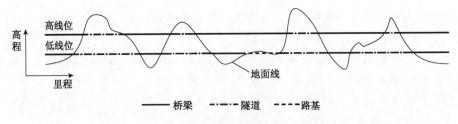

图 4-1　线位高低与桥隧长度的关系

本章主要介绍桥梁的历史与发展,桥梁的组成与分类,桥梁的规划与设计,桥梁施工方法,桥梁的管理与养护,以及现代桥梁工程所面临的机遇和挑战。

第一节 桥梁的历史与发展

一、桥梁发展简介

桥梁的起源与人类社会的发展相伴而行。当原始人类尚不知如何造桥时,会利用自然界的实物,如天然倒下的树干(梁桥的雏形)、山体因受自然环境长期侵蚀而形成的拱状物(拱桥的雏形)、森林里攀缠悬挂的藤萝(索桥的雏形)等,来帮助他们跨越溪流、山涧和峡谷。如图4-2所示,为自然界的天然桥梁(Nature Bridge)。

a) 天然木梁桥　　　　　　b) 天然石拱桥　　　　　　c) 天然藤索桥

图4-2　自然界中的天然桥梁

人类的生存需求会促使他们在遇到溪流、山涧时自己动手建造简陋的桥梁,例如汀步桥、圆木桥、踏板桥等。汀步桥可能是桥梁起源的标志,它是沿河道横向间断摆放的高出水面的一连串的石块,以便帮助人们在水流较小时踏石过河。将未经刨削加工的树干搭放在小溪两岸而成的桥,为圆木桥或独木桥。将稍长、稍平坦的石板搁放在石堆上,就形成踏板桥。这些原始桥的共同特点是就地取材,搭设简便,但使用寿命不长。

桥梁的发展与建筑材料的变迁息息相关。人类最早开始建造桥梁时所用材料以天然的或加工过的木材、石材为主。伴随着新材料的发明,铁桥、钢桥、钢筋混凝土桥梁、预应力混凝土桥梁应运而生。

1. 石桥(Stone Bridge)

天然石料是大自然赋予人类最早的、取之不尽、用之不竭的建筑材料。由于木、藤、竹类材料易腐烂,致使能保留至今的古代桥梁,多为石梁桥或石拱桥。世界上现存最古老的石拱桥为位于希腊伯罗奔尼撒半岛的阿克迪克桥(Arkadiko Bridge),如图4-3所示。该桥建于公元前1300年左右,为一跨越山谷、用未经修凿过的石块干砌成的单孔石拱桥,桥长22m、宽5.6m,跨径约1m。

古罗马时期(公元前8世纪—公元5世纪),罗马人在建造石拱桥方面具有辉煌的历史,在其全盛时期版图所及的西班牙、意大利、法国、不列颠、德国、北非、土耳其和小亚细亚一带,修建过许多石拱桥,跨度在6~24m,高度有达50~60m者,单块石料最重达8t,至今还保留有60座之多。其中最著名的是今法国南部尼姆城的加尔桥,如图4-4所示。该桥建于公元1世纪,是古罗马输水系统工程的一部分。全桥共分三层:上层宽3m、高7m,全长275m,为输水槽;中层宽4m、高20m,供行人通行;下层宽6m、高22m,最大跨度24.4m,并在一侧加宽以便车马通行。

图4-3　阿克迪克桥

图4-4　加尔桥

罗马帝国崩溃以后,欧洲经历了漫长的中世纪黑暗时期,由于思想的禁锢,桥梁技术也停滞不前。11世纪以后,尖拱技术由中东和埃及传到欧洲,欧洲开始出现尖拱桥。法国的瓦朗特雷桥(Valentré Bridge)横跨在洛特河上,历史上主要用于防御外敌。该桥主体建造于14世纪,桥跨结构为6跨尖拱,上面有3座后加上的尖塔,如图4-5所示。

直到14—16世纪的文艺复兴时期,欧洲桥梁建筑才大放异彩。意大利威尼斯的里阿尔托桥(Rialto Bridge)可以称得上是这一时期桥梁的代表作。该桥建于1588—1591年,为单孔石拱桥,跨度为28.8m,桥面宽度为22.9m,如图4-6所示。全桥用大理石装饰,雕凿精美,线条流畅。桥上还建有24家店铺,它充分反映了欧洲文艺复兴时期桥梁建造技术与建筑艺术的高超水平。

17世纪中叶以后,强度概念、胡克定律和力学三大定律的建立,奠定了土木工程的理论基础,桥梁工程也正式进入了新的发展时期。1715年,法国政府率先成立了路桥部,并于1747年建立了世界第一所工科大学——法国巴黎路桥学校。在1765年英国工业革命发生前,由法国工程师佩罗内(Jean-Rodolphe Perronet,1708—1794年)领导的巴黎路桥学校研究了石拱桥的压力线,并用力学和材料强度理论对拱圈和桥墩的尺寸进行了计算,建造了许多坦拱桥,极大地提高了欧洲的石拱桥设计水平,如法国巴黎的协和桥,如图 4-7 所示。虽然欧洲坦拱桥的出现比中国隋朝晚了一千多年,但其是建立在理论基础上的科学设计。

图 4-5 瓦朗特雷桥

图 4-6 里阿尔托桥

图 4-7 协和桥

我国是四大文明古国之一,就石桥而言,我们的祖先也写下了许多光辉灿烂的篇章。我国于 1053—1059 年在福建泉州建造的万安桥(又称洛阳桥,如图 4-8 所示),长达 800 多米,共 47 孔,是世界上尚保存着的最长的古代石梁桥。公元 1240 年建成并保存至今的福建漳州虎渡桥(图 4-9),总长约 335m,部分石梁长达 23.7m,重达 200 多吨,是利用潮水涨落浮运架设的,足见我国古代桥梁建造技术之高超。

图 4-8 万安桥

图 4-9 虎渡桥

举世闻名的河北省赵县赵州桥(又称安济桥,如图 4-10 所示),建成于公元 605 年,是我国古代拱桥的杰出代表。该桥跨径 37.02m,桥面宽度 9m,拱圈两肩各设两个跨度不等的腹拱,既减轻了自重,又便于排洪,还增加了景观效果。像这样的敞肩拱桥,欧洲直到 19 世纪中叶才出现,比我国晚了一千两百多年。

图 4-10　赵州桥

除了赵州桥外,我国古代还有许多采用石材建成的名桥佳作,如杭州西湖上的断桥、苏州的枫桥、北京永定河上的卢沟桥、颐和园中的玉带桥等。

时至今日,石拱桥仍保持着顽强的生命力。2000 年建成的山西晋城丹河大桥(图 4-11),为全空腹式变截面石板拱桥,主孔净跨径 146m,桥面宽度 24.8m,桥梁全长 413.7m,是目前世界上跨径最大的石拱桥,已被正式列入吉尼斯世界纪录。丹河大桥为大跨径、高荷载石桥设计与施工提供了成功的范例,同时也极大地丰富了中国石拱桥的科技内涵。

图 4-11　丹河大桥

2. 木桥(Wooden Bridge)

木桥在我国有着璀璨的历史,从最初的独木桥,到后来出现用多根木料横铺的简易桥梁,再到后来木拱桥和木桁架桥的出现,使得木结构桥梁形式丰富多样。

周秦以前,我国的桥梁多半是木梁桥。图4-12所示为1953年在我国四川成都青杠坡汉墓出土的画像砖上所雕刻的一座木梁桥,它精致准确地显示出了梁和柱。每个桥墩由四根木柱组成,上有横楣梁共同构成排架,然后是木梁上铺木桥面板,桥面板每隔一块做成楔形。桥边有木栏杆,桥上轺车骏驹奔驰而过,生动再现了古代木桥的应用场景。

图4-12　四川成都青杠坡汉墓砖桥

木梁桥的跨径一般只有7～8m,如果在桥墩左右均设置斜撑木杆,即成为八字撑架桥,就能够使木梁桥的跨径增大一倍以上,如图4-13所示。继续增大梁跨,便有了木伸臂桥。它是用木料一层层累加起来,由两岸向河心挑出,中间一段以短梁相连而成,为了平衡伸臂重量,一般还须在两岸的上部压以大块石作为配重。图4-14所示为甘肃文县城外的阴平古道桥,相传最初建于三国时代(公元220—265年),现存的则是清代光绪八年(公元1882年)的遗物。图4-15所示为四川省甘孜藏族自治州新龙县的波日桥。木伸臂梁桥的结构形式为后来的钢桥和钢筋混凝土桥提供了非常有价值的参考。

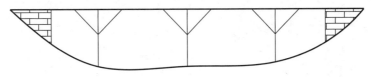

图4-13　八字撑架桥示意图

图4-14　阴平古道桥

图4-15　波日桥

大量木拱桥的修建将古代木桥带入一个鼎盛时期。古代木拱桥中最为新颖别致的是宋朝首都汴京(今河南开封)的汴水虹桥。该桥见于12世纪宋代著名画家张择端所绘的《清明上河图》,如图4-16所示。图上画的桥虽然现在已经不复存在,但据考证实有其事。《清明上河图》所取的透视角度,可以很清楚地看出该桥的结构(图4-17)。拱桥产生推力,所以"叠巨石固其岸",即用方正的条石砌筑桥台,台前留有纤道,考虑十分周到。它在世界桥梁史上是我国独创的桥梁形式,反映了我国古代木拱桥技术的发展与成熟。

图4-16 《清明上河图》上的汴水虹桥　　　　图4-17 汴水虹桥断面示意图

有关廊桥的记载始于汉朝,距今约有2000年的历史。建于桥面上的廊屋可以起到稳固桥体的作用,使之不易被冲毁,而且廊屋可以遮风挡雨,使桥梁得到保护。图4-18所示为福建省寿宁县的杨溪头桥,于1967年建造。桥两端桥头用石块砌筑,长50.5m、宽5.1m,孔跨37.6m。东西走向,17开间,72柱。上覆双坡顶,桥中设神龛,祀临水夫人,全桥至今仍完好无损。

图4-18 杨溪头桥

现代木结构桥梁在传统木结构桥梁的基础上加入现代防腐、连接等技术,具有承载能力高、环保节能、造型美观、与环境和谐等特点。与传统钢筋混凝土桥梁和钢桥相比,现代木结构桥梁具有下述优势：

（1）环保节能。木结构桥梁的材料——木材可再生、可降解，且木材在生长过程中能改善环境，加工过程能耗低，符合可持续发展要求。

（2）施工快速。木结构桥梁可以工厂预制，现场安装，大大缩短工期。

（3）施工方便。木结构重量轻，对运输、安装机械要求低；与钢结构相比，它不需要大量焊接工作，与混凝土结构相比，它不需要大量现浇施工；木结构间连接主要使用螺栓、铆钉等，施工方便。

（4）除冰盐影响小。在寒冷地区和沿海地区，由于除冰盐的使用和空气中高浓度的氯离子，使得锈蚀问题更为突出；我国北方一些地区，除冰盐是造成城市立交桥梁结构混凝土钢筋锈蚀的重要原因。而除冰盐对木材的影响较小，在寒冷地区和沿海地区，应该唤起人们对木结构桥梁的重视。

此外，木结构桥梁还具有抗震性能好、抗疲劳性能好、路用性能佳、后期养护费用低、经济性好等优点。图4-19所示为国外已建木结构桥梁实例。

a）木拱桥（瑞士）

b）木桁梁桥（日本）

c）木梁桥（美国）

d）木系杆拱桥（挪威）

图4-19 国外木结构桥梁实例

3. 铁桥（Iron Bridge）

18世纪欧洲工业革命初期生产了大量的铸铁，人们开始利用铸铁材料修建桥梁。由于铸铁受压性能明显好于受拉性能，脆性大而耐腐蚀，故大多被用于建造拱桥。1777—1779年，英国在什罗普郡建造了世界上第一座铸铁拱桥——科尔布鲁克戴尔桥

（Coalbrookdale Bridge，见图4-20），该桥跨度为30.5m。该桥消耗了400t铸铁，至今已经存在了200多年。此后，科尔布鲁克戴尔桥的设计师托马斯·特尔福德（Thomas Teford）认识到，铸铁相较于石材具有轻质高强的特点，可以完全适用于更大跨径的拱桥。因此，在1796年由他设计建造了拱肋跨度40m的比尔德沃斯桥（Buildwas Bridge）。

铸铁也被用于梁桥的建造，但主要用于水道桥。文献记载的最早的铸铁板梁结构是建成于1796年的特恩隆登水道桥（Longdon-on-Tern Aqueduct，见图4-21），同样由英国著名的土木工程师托马斯·特尔福德建造。比较著名的铸铁水道桥还有庞特基西斯特水道桥（Pontcysyllte Aqueduct），该桥于1805年建成，上部结构采用铸铁槽型梁与实腹拱的组合结构形式，下部采用石砌桥墩。

图4-20 科尔布鲁克戴尔桥

图4-21 特恩隆登水道桥

图4-22 世界上第一座车行铁索桥

1814年，托马斯·特尔福德提出建立一座主跨305m、两个边跨152m，跨越默西河（Mersey Bridge）的索桥。由于铸铁的抗拉强度低，所以该悬索桥的扁平主缆计划采用锻铁环，但该悬索桥最终因为锻铁材料的问题而没有实现。此后，托马斯·特尔福德设计了世界上第一座车行铁索桥，位于麦奈海峡、用于改善连接英格兰和爱尔兰的交通（图4-22）。该桥于1819年开始建设并于1826年建成，主跨177m，桥面至水面净空30.5m，共消耗2000t的锻铁。与此同时，托马斯·特尔福德还在威尔士的康威修建了主跨100m的铁悬索桥。这两座悬索桥的修建开启了大跨径桥梁的新纪元。

罗伯特·斯蒂芬森分别于1848年和1849年修建了康威跨海桥和梅奈跨海桥，这可以认为是世界上第一座箱梁桥，火车从锻铁管中穿过。这也是此后全世界应用最为广泛的板梁桥的伟大先驱。采用锻铁修建的铁路拱桥中，最具代表性的桥梁为1884年由古斯塔夫·埃菲尔（Gustav Eiffel）团队主持建造的加拉比高架桥（Garabit Viaduct，见图4-23）。该桥总长564m，拱跨径165m，拱高52m，且该桥采用支承处外伸的悬臂施工方式建造。

图 4-23　加拉比高架桥

4. 钢桥（Steel Bridge）

到 19 世纪后半叶，尤其是随着 1856 年转炉炼钢法及 1864 年平炉炼钢法的应用，钢材工业制造方法发生了巨大的进步。由于钢材的力学性能更优，尤其是抗拉特性大幅提高，钢材逐渐取代了铸铁和锻铁。

钢桥时代开启于福斯铁路桥（Forth Bridge，见图 4-24），它于 1881 年由约翰·福斯（John Fowler）和本杰明·贝克（Benjamin Backer）设计，于 1890 年建造完成。福斯铁路桥有两个跨度达到 521m 的巨大主跨，每个主跨都由 2 个 207m 的悬臂段和 1 个 107m 的悬跨段组成。同时，由德国工程师戈博（Gerber）发明的桥梁悬臂和悬挂施工技术在类似的桥梁中得到了应用，这种施工方法不需要满堂支架，可从两个方向同时悬臂施工。福斯铁路桥共消耗 5 万吨钢和 600 万个铆钉。此后，世界各地建设了大量的钢桁梁桥，如昆斯博罗桥（Queensboro Bridge）、魁北克桥（Quebec Bridge）、新奥尔良大桥（Greater New Orleans Bridge）等。

图 4-24　福斯铁路桥

世界上第一座钢箱梁桥是位于德国的道伊泽尔桥（Deutzer Brücke，见图 4-25），建成于 1948 年。该桥的用钢量仅为原桥的 61%。此后，在德国、巴西和日本等国家建造了一些跨度在 200~300m 之间的大跨度钢箱梁桥，如德国主跨 259m 的动物园大桥（Zoobrüke），巴西主跨 300m 的里约尼特罗伊桥（Ponte Rio-Niterói），日本主跨 250m 的海田大桥等。

图 4-25　道伊泽尔桥

第二次世界大战之后为修复战争损坏的桥梁，解决材料短缺的问题，德国桥梁专家弗瑞兹·莱昂哈特（Fritz Leonhardt）首先提出正交异性钢桥面板的概念。位于德国曼海姆、于 1950 年建成的库法尔茨桥（Kurpfalz Bridge）是世界上最早采用正交异性钢桥面板构造的桥梁。一年之后，同样在德国建成的红衣主教弗林斯桥（Cardinal Frings Bridge）则是世界上第一座跨度超过 200m、采用正交异性钢桥面板的连续钢箱梁桥。该桥在诺伊斯和杜塞尔多夫之间跨越莱茵河，主跨 206m。此后，正交异性钢桥面板构造在欧洲、北美、日本、中国等国家和地区的钢桥中得到了大量的应用。

钢材出现后，另一种大跨度钢桥——钢拱桥也得到了飞速发展。世界上第一座钢拱桥是诞生于美国、建成于 1874 年的伊兹桥（Eads Bridge），它跨越密西西比河，是一座多跨钢拱桥，全桥长 1964m、宽 14m，单跨最大跨径 158m。此后，钢拱桥的跨度不断取得突破，如：德国的威廉皇帝桥（Kaiser Wilhelm Bridge）和波恩-博埃桥（Bonn-Beuel Bridge），于 1897—1898 年建成，主拱跨度分别达到 170m 和 188m；法国中间拱跨度达 220m 的维奥尔（Viaur）高架桥，是法国第一座钢桥；美国纽约跨越东河、于 1916 年建成、主跨达 298m 的狱门桥（Hell Gate Bridge），是一座由高碳钢制造而成的空腹式两铰拱桥；澳大利亚于 1932 年建成、主跨达 503m 的悉尼港大桥（Sydney Harbour Bridge，见图 4-26）；美国分别于 1931 年和 1977 年建成、主跨分别达 510m 和 518m 的贝永桥（Bayonne Bridge，见图 4-27）和新河谷桥（New River Gorge Bridge，见图 4-28）。目前，世界上跨度最大的拱桥是在中国广西于 2020 年建成、主跨达 575m 的平南三桥（图 4-29）。

图 4-26　悉尼港大桥

图 4-27　贝永桥

图4-28 新河谷桥

图4-29 平南三桥

钢材的出现以及"悬索梁桥挠度理论"的建立使得大跨径悬索桥得到了快速的发展。20世纪的美国被称为悬索桥大国。由约翰·罗布林(John A. Roebling)设计并于1883年建成的跨越纽约东河的布鲁克林大桥(Brooklyn Bridge,见图4-30),首次采用钢索作为主缆,主跨跨径达487m,创造了当时的世界纪录;第一次世界大战后,美国分别于1926年在费城和1929年在底特律建设了跨径达534m和564m的卡姆登桥(Camden Bridge)和大使桥(Ambassador Bridge)。由瑞士工程师奥特玛·阿曼(Othmar H. Ammann)主持修建(1931年)的横跨纽约哈德逊河(Hudson River)的乔治·华盛顿桥(George Washington Bridge,见图4-31)是世界上第一座主跨突破1000m的大桥,其1067m的主跨跨径几乎是之前世界纪录的2倍,钢桥塔高达183m。1937年,在美国西海岸的旧金山,建设了5年的金门大桥(Golden Gate Bridge,见图4-32)也建成通车,其主跨跨径达1280m,主塔高度达229m。

图4-30 布鲁克林大桥

图4-31 乔治·华盛顿桥

早期建造的布朗克斯白石大桥(Bronx Whitestone Bridge)(主跨701m)和金门大桥在风作用下的振动便已引起人们对桥梁抗风的关注,而建成于1940年的塔克马桥(Tacoma Bridge)的风毁事故并没有终止大跨径悬索桥的建设,反而促使工程师和科学家加大了对于桥梁抗风理论和风洞实验的研究。此后,新塔克马桥(Tacoma Bridge)于1950年重建,其主梁改用气动性能更优的钢桁梁。类似结构的桥梁还有位于纽约入海口处的韦拉扎诺海峡大桥(Verrazano Narrow Bridge,见图4-33),该桥于1965年建成并通车,主跨跨径达1298m,其保持的世界上最大跨径桥梁的记录直到1981年才被位于英国的亨伯桥(Humber Bridge,见图4-34)所打破。亨伯桥主跨1410m,但其主梁采用的是扁平钢箱梁,箱形主梁的气动外形能够显著减小风效应。目前最大跨径的悬索桥是位于土耳其的1915恰纳卡莱大桥,该桥于2022年建成通车,主跨跨径达2023m。

图4-32　金门大桥

图4-33　韦拉扎诺海峡大桥　　　　　　图4-34　亨伯桥

斜拉桥的拉索位于塔顶和桥面之间,它们支撑着桥面上部结构。不同于悬索桥缆索,它们的张力沿其长度是均匀的,受力更为高效。斜拉索材料的发展、计算机计算能力的提高以及施工设备的创新,共同带来斜拉桥的发展和繁荣。

世界上第一座真正意义上的斜拉桥——斯特伦松德桥(Strömsund Bridge,见图4-35),是由狄辛格(Dischinger)设计并由德国工程师于1956年建成通车,跨径组合为75m+183m+75m,斜拉索由塔顶呈扇形布置,每个主塔两侧均布置两根斜拉索。位于德国杜塞尔多夫、跨越莱茵河的西奥特霍义斯桥(Theodor Heuss Bridge)于1957年建成通车,其跨径布置为108m+260m+108m,斜拉索采用竖琴式布置,每个桥塔两侧均布置三根斜拉索。位于科恩莱茵河畔的塞弗林大桥(Severins Bridge)于1960年建成通车,所采用A形独塔和两个不等跨的跨径布置(302m+151m)使其声名远扬;其斜拉索采用扇形布置,主塔两侧均布置有三对倾斜的拉索。

图 4-35　斯特伦松德桥

20 世纪 60 年代以后,借助计算机分析超静定结构的技术推动着斜拉桥往密索体系发展。大量的斜拉索一端沿塔高不同位置锚固,另一端可以以较小的间距锚固在主梁上。这种改进后的结构形式不仅使得每根斜拉索的施工更容易,而且可以减小加劲肋的刚度需求——实际上成为连续弹性支承的梁,从而提高了斜拉桥的跨越能力。

第一座密索斜拉桥是位于德国波恩跨越莱茵河的弗里德里希·艾伯特大桥(Friedrich Ebert Bridge)(图 4-36),该桥于 1967 年建成通车,采用单索面体系,共计 80 根斜拉索,主梁采用宽钢箱梁,跨径布置为 120m + 280m + 120m。到 20 世纪 80 年代,斜拉桥的最大跨度已经达到了 400 ~ 500m。如 1987 年建成的位于泰国、主跨 450m 的拉玛九世大桥(Rmma IX Bridge),1987 年建成的位于加拿大、主跨 465m 的安娜雪丝岛桥(Annacis Bridge),以及 1989 年建成的位于日本、主跨 460m 的横滨湾桥(Yokohamma Bay Bridge)。而到了 20 世纪 90 年代以后,斜拉桥跨径记录增长越来越快,如:建成于 1995 年的法国诺曼底大桥主跨跨径达 856m,建成于 1999 年的日本多多罗大桥(Tatara Bridge)主跨跨径达到 890m。目前,世界上已建成多座跨径超过 1000m 的斜拉桥,如俄罗斯岛大桥(Russky Island Bridge,主跨 1104m)、沪苏通长江公铁大桥(主跨 1092m)、苏通长江大桥(主跨 1088m)、昂船洲大桥(主跨 1018m)等。

图 4-36　弗里德里希·艾伯特大桥

5. 钢筋混凝土桥(Reinforced Concrete Bridge)

1849年,法国工程师约瑟夫·莫尼埃(Joseph Monier)建造了第一座跨度13.8m、宽4.25m的钢筋混凝土人行桥——查泽莱特桥(Chazelet Bridge)(图4-37)。这是一座T形梁桥,是从房屋的楼盖移植而来的新型桥梁,也是钢筋混凝土桥的先身。1877年,法国工程师因内比克(Hennebique)建造了跨度16m、宽4.0m的钢筋混凝土人行桥,1898年他又设计建成了跨度为52.46m的钢筋混凝土拱桥——夏特罗桥(Châtellerault Bridge)。

奥地利工程师米兰(J. Melan)于1890年发明了以劲性骨架为拱架,浇筑钢筋混凝土拱桥的工法,被称为米兰法,使拱桥的跨度超过了100m。如1911年建成的罗马复兴桥(跨径100m),和1914年建成的瑞士蓝格维斯桥(跨径100m)。1943年建造的瑞典桑多桥(图4-38),跨径达到了178m,是近代钢筋混凝土拱桥的代表作。

图4-37 查泽莱特桥

图4-38 瑞典桑多桥

6. 预应力混凝土桥梁(Prestressed Concrete Bridge)

在钢筋混凝土应用于建筑领域不久,1888年美国工程师杰克逊(P. H. Jackson)提出了预应力混凝土的概念,但最初的尝试并不成功。低强度的钢筋限制了预应力值,而较小的预应力很快在混凝土徐变、收缩后全部损失。1928年,法国工程师弗雷西内(E. Freyssinet)提出必须采用高强钢材和高强混凝土,以减少预应力损失的影响,他率先应用了极限强度1725MPa的高强钢丝。

第二次世界大战后,由于战争的影响,造成了钢筋奇缺的局面,西欧各国为克服钢筋短缺的情形,开始研究使用预应力技术消减结构中钢材用量,从此预应力技术发展突飞猛进。预应力材料可以看作是预先储存了压应力的新型混凝土材料,可以最大限度地利用混凝土的受压性能,减小构件截面,进而减轻自重,降低建筑高度,增大跨越能力,不但可以消除裂缝,还能将桥梁做得更加轻巧美观,提高耐久性,扩大混凝土结构适用范围。预应力材料的出现给预应力桥梁的发展提供了非常有利的环境,一种新型的钢筋混凝土结构形式——预应力钢筋混凝土应运而生,并被广泛地应用于工程实践。

1953年前联邦德国首创采用挂篮的平衡悬臂法建造预应力混凝土桥梁新技术,在莱茵河上成功地建成了沃伦姆斯桥。1979年瑞士克里斯蒂安·门(Christian Menn)教授设计建造了利用双薄壁墩的柔性克服温度效应并可削去负弯矩尖峰的连续刚构桥,使预应力混凝土梁式桥的跨越能力得到进一步提高,1986年澳大利亚建成的门道桥跨度达260m,是当时国外跨度最大的连续刚构桥,见图4-39。

图4-39 澳大利亚门道桥

二、中国桥梁建设的成就

18世纪英国工业革命造就了现代科学技术,使欧美各国相继进入了现代桥梁工程的新时期。1840年鸦片战争以后,随着列强的入侵,也带来了西方先进的桥梁技术,特别是钢桥和钢筋混凝土桥技术。此后,帝国主义列强为掠夺中国的资源在中国大量修筑铁路,开挖矿山,在津浦、平汉等铁路上由外国工程师修建了黄河大桥,在被迫开埠的城市租界中(如上海、广州、宁波等)也修建了一些桥梁。

1912年辛亥革命后,孙中山先生曾在"建国大纲"中规划了中国的交通建设,但终因连年军阀混战和长期内战而未能实现。1935年开工修建的杭州钱塘江大桥是第一座由中国工程师主持设计建造的现代钢桥,仅用了30个月即于1937年9月建成通车,是中国桥梁史的一座丰碑。

新中国成立后,随着国民经济和交通事业的兴起,桥梁建设也得到了蓬勃的发展。1957年,9孔128m、全长1155.5m的武汉长江大桥(图4-40)的建成为我国现代大跨度钢桥和深水基础工程的发展奠定了基础。1968年底建成的南京长江大桥(图4-41)是由我国工程师独立主持设计和施工的第二座长江大桥。与武汉长江大桥相比,跨度增大为160m,采用带下加劲的第三弦杆的连续钢桁梁桥。由于桥址地质条件复杂,采用四种不同的深水基础形式,是我国完全自主建设长江大桥的一个里程碑。

中国进入改革开放的新时期后,迎来了桥梁建设的黄金时代。整个20世纪80年代中,斜拉桥在全国各地普遍兴建,并出现百花齐放的景象,其中,具有特色的斜拉桥有济南黄河桥(主跨220m)、广东南海九江大桥(主跨160m)、重庆石门桥(主跨230m)、广州海印桥(主跨175m)、长沙湘江北大桥(主跨210m)。

图4-40　武汉长江大桥

图4-41　南京长江大桥

在成功建造斜拉桥的鼓舞下,中国桥梁界开始酝酿建造现代悬索桥以填补这方面的空白。主跨452m的汕头海湾大桥是第一次尝试,由于当地海气腐蚀较严重,因而采用了预应力混凝土加劲梁。每根主缆由110股(每股91根5mm钢丝)组成,外径达56cm。该桥于1994年建成,为此后更大跨度的悬索桥建设提供了成功的经验。广东省在建设珠江两岸的高速公路(广州—深圳,广州—珠海)的同时,开始筹划跨越珠江的虎门大桥的建设。当时曾邀请正在帮助香港新机场线上几座大桥建设的英国专家参与虎门大桥的前期工作。李国豪教授致函时任广东省省长的叶选平同志,强烈呼吁自主建设这一位于鸦片战争国耻地、具有特殊意义的大桥,得到了积极的响应,终于取得了由国内桥梁界同行通力合作建设的自主权,并于1997年香港回归前夕胜利建成了虎门大桥。该桥主桥为主跨888m的悬索桥,辅航道桥为主跨270m的预应力混凝土连续刚构桥,是中国桥梁史的又一里程碑。

20世纪90年代在拱桥建设方面也取得了重要的进展。在国外应用较广的钢管混凝土拱桥开始引入我国。这种组合结构具有安装施工方便,用料经济合理,承载能力大的优点。1990年在四川旺苍建成了第一座主跨115m的钢管混凝土拱桥后,迅速在全国推广。

与此同时,采用劲性骨架的钢筋混凝土箱形拱桥也取得了发展。在20世纪80年代末建成主跨200m的重庆市涪陵乌江桥和主跨240m的四川宜宾金沙江桥以后,改用新型的钢管混凝土拱为骨架,又建成了主跨313m的广西邕宁邕江大桥。随后采用这一技术建成了世界最大跨度混凝土拱桥——主跨420m的重庆市万县长江大桥。

1994年,筹备已久的江阴长江大桥正式开工,这是中国第一座超千米的大跨度悬索桥,完全由中国人自主设计。具有巨大沉井基础的北岸锚碇以及混凝土桥塔均由中国公司自主施工,后因资金问题由英国公司总承包的上部结构施工实际上也是由中国公司完成。主跨1385m的江阴长江大桥于1999年建成通车。

经过20世纪80年代"学习和赶超"和90年代"跟踪和提高"两个发展阶段,中国桥梁界在21世纪进入了一个"创新和超越"的新时期。

21世纪初的中国桥梁,已在超大跨度斜拉桥和悬索桥建设(南京长江二桥、润扬长江大桥、南京长江三桥、苏通长江大桥、舟山西堠门大桥等)、超大跨度钢拱桥建设(卢浦大桥、菜园坝大桥、朝天门大桥等)、跨海工程建设(东海大桥、湛江海湾大桥、杭州湾跨海大桥、舟山大陆连岛工程、港珠澳大桥、琼州海峡工程等)等方面取得了巨大的进步和成就。目前,我国建成的各类现代化桥梁的跨径在世界范围内均名列前茅,见表4-1～表4-4。

世界上主要的大跨径悬索桥　　　　　　　　　　　　　　表4-1

序号	桥　名	主跨(m)	国家	建成年份
1	1915恰纳卡莱大桥	2023	土耳其	2022
2	明石海峡大桥	1991	日本	1998
3	武汉杨泗港长江大桥	1700	中国	2019
4	南沙大桥	1688	中国	2019
5	西堠门大桥	1650	中国	2009
6	大贝尔特桥	1624	丹麦	1998
7	奥斯曼一世大桥	1550	土耳其	2016
8	李舜臣大桥	1545	韩国	2013
9	润扬长江大桥	1490	中国	2005
10	洞庭湖大桥	1480	中国	2018

世界上主要的大跨径斜拉桥　　　　　　　　　　　　　　表4-2

序号	桥　名	主跨(m)	国家	建成年份
1	俄罗斯岛大桥	1104	俄罗斯	2012
2	沪苏通长江公铁大桥	1092	中国	2020
3	苏通长江大桥	1088	中国	2008
4	昂船洲大桥	1018	中国	2009
5	鄂东长江大桥	926	中国	2010
6	多多罗大桥	890	日本	1999
7	诺曼底大桥	856	法国	1995
8	九江长江公路大桥	818	中国	2013
9	荆岳长江大桥	816	中国	2010
10	芜湖长江二桥	806	中国	2017

世界上主要的大跨径拱桥　　　　　　　　　　　表4-3

序号	桥　名	主跨(m)	国家	建成年份
1	平南三桥	575	中国	2020
2	朝天门大桥	552	中国	2009
3	卢浦大桥	550	中国	2003
4	傍花大桥	540	韩国	2000
5	合江长江一桥	530	中国	2013
6	新河谷大桥	518	美国	1977
7	贝永桥	504	美国	1931
8	悉尼港大桥	503	澳大利亚	1932
9	巫峡长江大桥	492	中国	2005
10	明州大桥	450	中国	2011

世界上主要的跨海大桥　　　　　　　　　　　表4-4

序号	桥　名	总长(km)	国家	建成年份
1	港珠澳大桥	55	中国	2018
2	青岛海湾大桥	41.58	中国	2011
3	日本濑户大桥	37.3	日本	1988
4	美国切萨皮克湾大桥	37	美国	1964
5	杭州湾跨海大桥	35.673	中国	2008
6	东海大桥	32.5	中国	2005
7	金塘大桥	26.54	中国	2009
8	法赫德国王大桥	26	巴林	1986
9	舟山大陆连岛工程	25	中国	2009

第二节　桥梁的组成与分类

一、桥梁的组成

桥梁主要由上部结构(也称为桥跨结构)、下部结构、支座及附属设施组成,如图4-42所示。

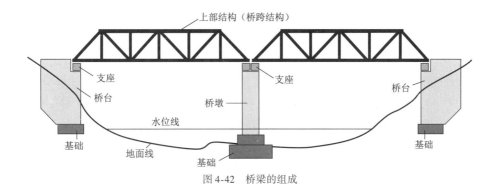

图4-42 桥梁的组成

各组成部分简介如下：

1. 上部结构

上部结构(Superstructure)是线路遇到障碍(如江河、山谷或其他线路等)中断时,跨越这类障碍的结构物,也叫桥跨结构。桥跨结构的形式多样,对梁桥而言,其主体结构是梁;对拱桥而言,其主体结构是拱;对悬索桥而言,其主体结构是主缆。

梁桥的上部结构(主梁)根据所采用的材料不同可以分为混凝土梁、钢梁和钢-混凝土组合梁等;根据截面形式的不同可以分为板梁、肋梁、箱梁和桁架梁等,如图4-43所示。

a) 混凝土T梁　　　　　　b) 混凝土箱梁

c) 钢箱梁　　　　　　d) 钢桁梁

e) 钢板组合梁　　　　　　f) 钢箱组合梁

图4-43 梁桥上部结构形式

斜拉桥或悬索桥的主梁常采用钢箱梁和钢桁梁,具体截面形式的选择需要考虑桥梁跨径、桥面宽度、索面布置、抗风稳定、施工方法等因素。

钢箱梁(Steel Box Girder)一般由顶板、底板、腹板焊接成闭口截面,箱内设置横隔板和纵横向加劲肋,如图4-44所示。流线型扁平钢箱梁(图4-45)气动性能优异,适用于特大跨斜拉桥和强风环境;将流线型扁平钢箱梁的底板去掉一部分形成分离式双边箱形截面(图4-46)可以提高经济性,同时也具有很好的抗风稳定性。

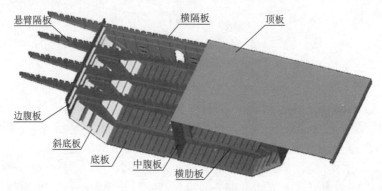

图 4-44　钢箱梁的组成

图 4-45　流线型扁平钢箱梁

图 4-46　双边钢箱梁

钢箱梁桥可采用不同的桥面板形式,一般为混凝土桥面板和正交异性钢桥面板,如图 4-47 所示。

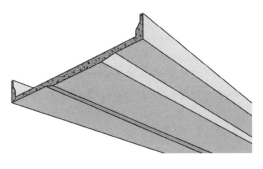
a) 混凝土桥面板

b) 正交异性钢桥面板

图 4-47　桥面板形式

钢桁梁截面抗扭刚度较大,迎风截面透空率较高,因而提供了良好的抗风稳定性,并可充分地利用截面空间提供双层桥面以实现公铁两用或多车道布置,因此常用于大跨重载斜拉桥或悬索桥(图 4-48、图 4-49)。另外,钢桁梁可根据不同的地形、地貌条件灵活选择多种架设安装方法。

图 4-48　钢桁梁斜拉桥(沪苏通长江公铁大桥)

图 4-49　钢桁梁悬索桥(杨泗港长江大桥)

2. 下部结构

下部结构（Substructure）指桥梁位于支座以下的部分，也叫支承结构。它包括桥墩（Pier）、桥台（Abutment）以及墩台的基础（Foundation），是支承上部结构、向下传递荷载的结构物。桥梁墩台的布置需与桥跨结构的布置相对应。桥台分设在桥跨结构的两端，桥墩则设在两桥台之间。对于单跨桥梁，则无须设置桥墩。桥台除起到支承和传力作用外，还起到与路堤衔接、防止路堤滑塌的作用。为此，通常需在桥台周围设置锥体护坡。墩台之下需设置基础，来承受由上至下的全部荷载并将荷载传递给地基。它通常埋入土层中或构筑在基岩上。

（1）桥墩

桥墩的常见形式有重力式墩、空心式墩、桩（柱）式墩、薄壁墩等。

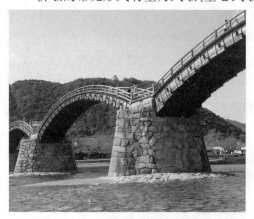

图 4-50 重力式墩

①重力式墩

重力式墩也称实体式墩。它主要靠自身的重力来平衡外力，因此墩身比较厚实，可以不配钢筋，常采用天然石材砌筑，见图 4-50。重力式桥墩取材方便，施工简易，养护工作量小，对抵抗外界不利因素如撞击、侵蚀的能力较强，在早期的铁路桥梁中常被采用。它的缺点是工程量大、自重大，对地基承载力的要求较高，基础工程量也往往较大。

②空心式墩

空心式墩是实体墩向轻型化发展的一种较好的结构形式，尤其适用于高桥墩，如图 4-51 所示。空心式墩可以充分利用材料的强度，因此可节省材料，减轻自重，进而也能减少基础工程量。空心式墩可采用钢滑动模板施工，也可采用翻动模板施工，其施工速度快，质量好，节省模板支架。墩身的截面形式有空心圆形、圆端形、矩形等。

图 4-51 空心式墩

③桩(柱)式墩

柱式墩是目前中小跨径公路桥梁中广泛采用的桥墩形式,特别是在较宽的城市桥和立交桥,采用这种桥墩既能减轻墩身重量,节约材料,又较美观。柱式墩的墩身沿桥横向常由1~4根立柱组成,柱身截面为圆形、矩形、多边形等形式,使墩身具有较大的强度和刚度。当墩身高度较高时,可设横系梁以加强柱身间横向联系。常配合钻孔灌注桩基础采用,如图4-52所示。

图4-52 桩(柱)式墩

④薄壁墩

双薄壁墩是在墩位上有两个相互平行的墩壁(可采用实心或空心截面)与主梁刚接的桥墩(图4-53)。钢筋混凝土双薄壁墩可适应主梁温度变形,减少主梁支点负弯矩。

图4-53 双薄壁墩连续刚构桥

(2)桥台

①重力式桥台

重力式桥台(Gravity Abutment)也称实体式桥台,它主要靠自身重力来平衡台后的土压力。按截面形状或构造特征,重力式桥台的常用类型有T形桥台、矩形桥台、U形桥台、埋式桥台、耳墙式桥台等。其中矩形桥台和T形桥台主要用于铁路桥梁。图4-54为矩形重力式桥台的一般构造。

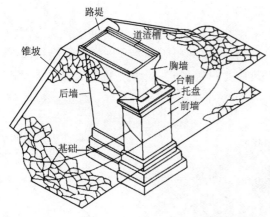 

图 4-54 矩形重力式桥台

②轻型桥台

轻型桥台(Light-weight Abutment)的形式很多,其主要特点是利用结构本身的抗弯能力来减少结构尺寸和材料用量而使桥台轻型化。轻型桥台所用材料大多以钢筋混凝土为主。轻型桥台主要用于公路桥梁。薄壁轻型桥台常用的形式有悬臂式、扶壁式、撑墙式及箱式等,见图 4-55。

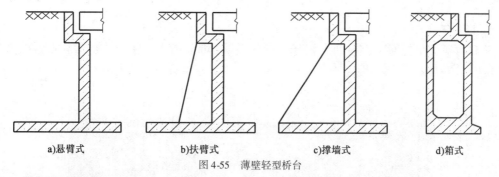

图 4-55 薄壁轻型桥台

③框架式桥台

框架式桥台(Frame Abutment)是在横桥向呈框架式结构的桩基础轻型桥台,它所受的土压力较小,适用于地基承载力较低,台身较高、跨径较大的梁桥。其构造形式主要有双柱式、肋板式等。双柱式桥台见图 4-56,一般用于填土高度小于 5m 的情况。当桥较宽时,可采用多柱式。为了减小桥台水平位移,也可先填土后钻孔。当填土高度大于 5m 时,可采用肋板式,见图 4-57。

框架式桥台均采用埋置式,台前设置锥坡。为满足桥台与路堤的连接,在台帽上部设置耳墙,必要时在台帽上方两侧设置挡板。

(3)基础

桥梁基础根据埋置深度分为浅置基础和深置基础两类,浅置基础是在墩台处直接修建的埋深较浅的基础(一般埋深小于 5m,又称浅基础)。由于浅层土质不良,有时需把基础埋置于较深的良好地层上,这样的基础称为深置基础(一般埋深大于 5m,又称深基础)。浅置基础最为简单,也最常用;当需要设置深基础时,则常采用桩基础或沉井基础,特殊桥位也可能采用其他大型或组合形式的基础。

图4-56 双柱式桥台

图4-57 肋板式桥台

①浅置基础

浅置基础主要采用明挖扩大基础(Spread Foundation),其构造参见图4-58。浅置基础是直接在墩台处开挖基坑修建而成的实体基础,适用于在岸上或水流冲刷影响不大的浅水处,且浅表地基承载力合适的地层。明挖扩大基础的特点是稳定性好、施工简便、取材容易、能承受较大的荷载,所以只要地基承载力能满足要求,其便是桥梁的首选基础形式。但其缺点是自重大,并且在持力层为软弱土时,由于基础面积不能无限制扩大,需要对地基进行处理或加固后才能采用。所以对于荷载较大,上部结构对沉降变形较为敏感,持力层的土质较差且较厚的情况,不宜采用明挖扩大基础。

②桩基础

当墩台所处位置的覆盖层很厚,适于承载的地基很深,或河水较深时,往往需要采用深基础,桩基础(Pile Foundation)就是一种常用的深基础。

桩基础由若干根桩(Pile)和承台(Footing Slab)两部分组成,桩在平面上可排列为一排或几排,所有桩的顶部由承台连成一个整体,在承台上再修筑桥墩或桥台及上部结构,如图4-59所示。桩身可全部或部分埋入由松软土层和持力层组成的地基土中,当桩身外露在地面上较高时,在桩间应加横系梁以加强各桩的横向联系。

图4-59 明挖扩大基础

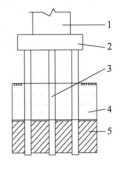
图4-60 桩基础
1-墩身;2-承台;3-基桩;4-松软土层;5-持力层

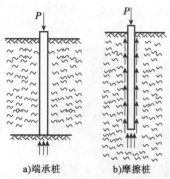

图 4-60 端承桩与摩擦桩

一般地,按基础的传力方式,桩基础可分为端承桩与摩擦桩。端承桩是将桩底端通过软弱的覆盖层以后再嵌入坚硬的岩面,荷载由桩底端直接传到基岩中,见图 4-60a)。摩擦桩是当基岩埋藏很深,桩底端不可能达到时,荷载通过位于覆盖层中的桩壁与土壤间的摩阻力和桩底端的支承力共同承受的桩基础,见图 4-60b)。端承桩承载力较大,较安全可靠,基础沉降也小,但若持力岩层埋置很深,就需要采用摩擦桩。

③沉井基础及地下连续墙

沉井(Open Caisson)是一种井筒状空腔结构物,是依靠井筒自重并借助外力克服井壁与地层的摩擦阻力逐步沉入地下至设计高程,最终成桥梁墩台或其他建筑物基础的一种深基础形式(图 4-61)。

沉井基础的优点是:埋置深度可以很大,整体性强、稳定性好,有较大的承载面积,能承受较大的垂直荷载和水平荷载;沉井是基础的组成部分,在下沉的过程中起着挡土和防水的临时围堰作用,不需要另设坑壁支撑或板桩围堰,既节约材料,又简化了施工。

沉井基础的缺点是:施工工期较长;对粉、细砂土在井内抽水易发生流砂现象,造成沉井倾斜;沉井下沉过程中遇到大的孤石、树干或井底岩层表面倾斜过大,均会给施工带来一定的困难。

地下连续墙(Diaphragm Wall)常用于悬索桥重力式锚碇的基础(图 4-62)。在地面上用抓斗式或回转式等成槽机械,沿着开挖工程的周边,在泥浆护壁的情况下开挖一条狭长的深槽形成单元槽段后,在槽内放入预先在地面上制作好的钢筋笼,然后浇灌混凝土完成一个单元墙段,各单元墙段之间以特定的接头方式相互连接,形成完整的地下连续墙。

图 4-61 沉井

图 4-62 地下连续墙

地下连续墙具有以下优点:结构刚度大;整体性、防渗性和耐久性好;施工时基本无噪声、无振动,施工速度快,建造深度大,能适应较复杂的地质情况;可以作为地下主体结构的一部分,节省挡土结构的造价。

3. 支座

在桥跨结构与墩台之间,还需要设置支座(Bearing),以连接桥跨结构与桥梁墩台。支座的作用是将上部结构的各种荷载传递到墩台,同时保证结构在外在因素作用下能自由地变形,以使结构受力实际情况符合力学图式。支座根据变形可能性分为固定支座和活动支座两种。常见的支座类型有简易垫层支座、橡胶支座、球形钢支座等。橡胶支座是目前应用最为广泛的支座类型,分为板式橡胶支座、聚四氟乙烯滑板橡胶支座、球冠圆板式橡胶支座、盆式橡胶支座等类型。板式橡胶支座由多层钢板与橡胶组合而成;聚四氟乙烯滑板橡胶支座由橡胶支座表面黏附一层聚四氟乙烯板而成,表面摩擦系数小,一般设置在活动端。

4. 附属设施

附属设施(Auxiliary Facility)主要包括桥面铺装、防水排水系统、伸缩装置、栏杆或防撞护栏、照明设施等。

(1)桥面铺装

桥面铺装(Deck Pavement)设置在桥梁的行车道范围内,是直接与车轮相接触的桥面构造。桥面铺装的功能在于:保证行车的舒适性,防止车辆轮胎直接磨耗主梁的上翼缘,保护主梁免受雨水侵蚀,并对车辆轮重的集中荷载起到一定的扩散作用。因此,对于桥面铺装材料及构造,要求有一定的平整度、强度、耐久性及稳定性。

公路桥面铺装有多种形式。水泥混凝土和沥青混凝土桥面铺装能满足各项要求,使用较为广泛。水泥混凝土铺装的造价低,耐磨性能好,适合重载交通,但养生期长,日后修补比较麻烦。沥青混凝土铺装重量较轻,维修养护方便,通车速度快,但易老化和变形。

(2)防水排水系统

对于混凝土桥面板,如果侵蚀物质(如雨水)进入混凝土内部,会导致钢筋锈蚀,进而降低混凝土桥面板的使用寿命;为提高结构的耐久性,通常需要在桥面板的顶面敷设专门的防水层或涂刷防水剂等。对于钢桥面板,由于钢材本身更容易产生锈蚀,钢桥面板与桥面铺装层之间更需要设置专门的防腐和防水层。

除在桥面铺装内设置防水层外,还应使桥上的雨水被迅速引导排出桥外。桥面上设置纵坡,一方面是桥梁立面布置所需,另一方面则有利于排水。公路桥面横坡可起到汇水和排水的作用,防止或减少雨水对铺装层的渗透。公路桥面的横坡一般为 $1.5\% \sim 3\%$。通常,当公路桥面纵坡大于 2%,而桥长小于 $50m$ 时,一般能保证通过桥头引道自然排水,桥上就可不设泄水管。当桥面纵坡大于 2%,桥长大于 $50m$ 时,除桥面纵横坡排水外,还需要设置泄水管排水。通常,每平方米的桥面宜设置面积为 $300mm^2$ 左右的泄水管。在高速公路和一级公路中,一般采用直径 $150mm$ 的泄水管,间距在 $4 \sim 5m$ 之间。

(3)伸缩装置

桥跨结构在气温变化、活载作用、混凝土收缩和徐变等影响下将会发生伸缩变形。为满足结构按照设计的计算图式变形,同时桥面又能保证车辆平顺通过,就要在相邻两梁端之间,或梁端与桥台之间,或梁的铰接位置处留出一定的间隙,这些间隙称为伸缩缝(Expansion Joint)。桥面在伸缩缝处需要安装伸缩装置来保证行车的平顺。简而言之,伸缩缝是指为适应材料胀缩变形对结构的影响、在桥跨结构的两端设置的间隙;伸缩装置是指为使车辆平稳通过桥面并满足桥面变形的需要,在伸缩缝处设置的各种装置的总称。

伸缩装置的构造应满足下列要求:在平行、垂直于桥梁轴线的两个方向,均能自由伸缩;装置本身及其与结构的连接牢固可靠;车辆驶过时应平顺、无突跳与噪声;可防止雨水和垃圾泥土渗入阻塞;安装、检查、养护、清污均简易方便。

(4)栏杆或防撞护栏

栏杆是桥上保护行人安全的设施,要求坚固耐用;同时,栏杆又是适于表现桥梁美观的构造。传统上,栏杆的基本构成包括扶手、栏杆柱、横挡。扶手是承担行人倚靠的水平构件,栏杆柱承受和传递行人作用的水平荷载,横挡是实现遮挡功能的主要构件。随着栏杆形式的多样化发展,上述构件的区分已不十分清晰,通常相互融合以共同实现安全与美观功能。

在桥梁上设置各种形式的安全护栏可以在一定程度上防止和减轻交通事故对车辆和人员的伤害。对于高速公路和干线一级公路上的桥梁,须设置路侧护栏及中央分隔带护栏;对于二级公路和跨越深沟峡谷、江河湖泊的三、四级公路上的桥梁,须设置路侧护栏。对于其他路段的桥梁,可视情况决定是否需要设置护栏。

护栏形式多种多样。按构造特征,桥梁安全护栏可分为(金属或混凝土)梁柱式护栏、钢筋混凝土墙式护栏和组合式护栏;按护栏碰撞变形性能,可分为刚性护栏、半刚性护栏和柔性护栏。钢筋混凝土墙式护栏为刚性护栏,其通过失控车辆碰撞后爬高并转向来吸收碰撞能量。波形梁护栏为半刚性护栏,其具有一定的强度和刚度,利用立柱和波形钢板的变形来吸收能量。缆索护栏是一种具有较大缓冲能力的柔性护栏,其由数根施加初拉力的缆索固定于端柱上而形成。桥梁上多用刚性护栏和半刚性护栏。

(5)照明设施

在城市内及城郊行人和车辆较多的桥梁上需要设置照明设施,一般采用灯柱在桥梁上实现照明。灯柱的设计需要考虑设置间距、照度要求、安全防护要求等,并与桥面安全可靠地锚固连接。灯柱及照明设施的设计要经济合理,其选型也要注意美观协调。灯柱可设置在路缘石上或人行道上,也可以利用栏杆立柱;对于有中央分隔带的桥面,灯柱可以布置在中央分隔带内。照明用灯一般高出桥面5m左右。在城市桥梁中,除采用灯柱照明外,还可根据需要,应用多样化的光源(如护栏、栏杆照明,结构表面照明等)形成桥梁景观照明系统。

二、桥梁的分类

桥梁有各种不同的分类方式,每一种分类方式均反映出桥梁在某一方面的特征。

按工程规模划分,有特大桥、大桥、中桥、小桥、涵洞等,划分依据见表4-5。

桥梁涵洞分类　　　　　　表4-5

桥涵分类	公路桥涵		铁路桥涵
	多孔跨径总长 L (m)	单孔跨径 L_K (m)	桥长 L (m)
特大桥	$L > 1000$	$L_K > 150$	$L > 500$
大桥	$100 \leq L \leq 1000$	$40 \leq L_K \leq 150$	$100 < L \leq 500$
中桥	$30 < L < 100$	$20 \leq L_K < 40$	$20 < L \leq 100$
小桥	$8 \leq L \leq 30$	$5 \leq L_K < 20$	$L \leq 20$
涵洞	—	$L_K < 5$	—

按桥梁用途划分,有铁路桥(Railway Bridge)、公路桥(Highway Bridge)、公铁两用桥(Combined Highway & Railway Bridge)、人行桥(Footbridge)、城市桥(Municipal Bridge)等。

按桥跨结构所用的材料划分,有钢桥、钢筋混凝土桥、预应力混凝土桥、圬工桥以及木桥等。

按结构体系划分,有梁桥(Beam Bridge)、拱桥(Arch Bridge)、悬索桥(Suspension Bridge)三种基本体系,以及由两种基本体系或一种基本体系与梁、柱、塔及斜索等构件组合形成的组合体系,如系杆拱桥和斜拉桥(Cable-stayed Bridge)。图4-63所示为按结构体系划分的主要桥梁结构类型。

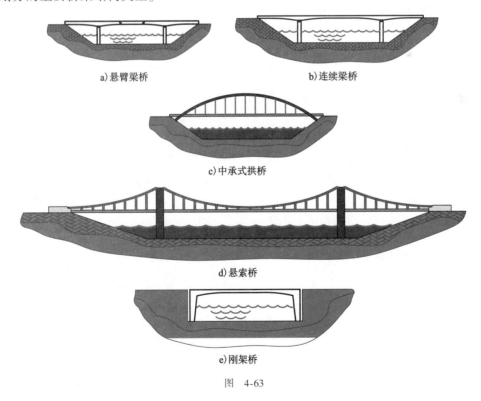

a) 悬臂梁桥　　　b) 连续梁桥

c) 中承式拱桥

d) 悬索桥

e) 刚架桥

图 4-63

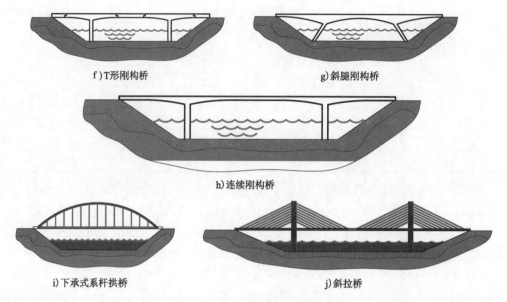

图 4-63 桥梁结构类型

按桥跨结构与桥面的上下相对位置划分,有上承式桥(Deck Bridge)、下承式桥(Through Bridge)和中承式桥(Half-through Bridge)。对于梁桥和拱桥,桥面布置在桥跨结构顶面的,称为上承式桥;相应地,布置在底面的,称为下承式桥,如图 4-63i)所示;布置在中间位置的,称为中承式桥,如图 4-63c)所示。

按桥梁所跨越的对象划分,有跨河桥(River-crossing Bridge)、跨谷桥(Gorge-crossing Bridge)、跨线桥(Over Pass Bridge)、立交桥(Grade Separation Bridge)、地道桥(Under Pass Bridge)、旱桥(Dry Bridge)、跨海桥(Straits-crossing Bridge)等。

按桥梁的平面形状划分,有直桥(Right Bridge)、斜桥(Skew Bridge)、弯桥(Curved Bridge)。

按预计使用时间的长短划分,有永久性桥梁(Permanent Bridge)和临时性桥梁(Detour Bridge)。

另外,还可以根据桥梁的构造特点进行分类,此处不再一一列举。

三、桥梁结构体系

按结构体系及其受力特点,可将桥梁划分为梁、拱、索三种基本体系和组合体系。不同的体系表现出不同的受力特点,简述如下。

1. 梁桥

梁桥是古老的结构体系之一。梁作为承重结构,主要是以其抗弯能力来承受荷载。在竖向荷载作用下,其支承反力也是竖直的;一般,主梁结构只受弯、受剪,不承受轴向力。

常用的简支梁(Simple Supported Beam)的跨越能力有限,例如,预应力混凝土简支梁的跨度通常不超过 40m；为加大跨度，悬臂梁（Cantilever Beam）和连续梁（Continuous Beam）得到发展。它们都是通过增加中间支承以减少跨中正弯矩，更合理地利用材料并分配内力，加大跨越能力。悬臂梁采用铰接或挂孔来连接其两个悬臂端，结构静定，受力明确，计算简便，但因结构变形在接头处不连续而对行车和桥面养护产生不利影响，近年来已很少采用。连续梁因桥跨结构连续无断缝，克服了悬臂梁的不足，是目前采用得较多的梁式桥型。

2. 拱桥

拱桥的主要承重结构是具有曲线外形的拱（其拱圈的截面形式可以是实体矩形、肋形、箱形、桁架等）。在竖向荷载作用下，拱圈（Arch Ring）主要承受轴向压力。支承反力不仅有竖向反力，也承受较大的水平反力。

根据拱的受力特点，多采用抗压能力较强且经济合算的圬工材料（石材等）和钢筋混凝土来修建拱桥；也因拱是有推力的结构，对地基的要求较高，故一般宜建于地基良好之处。

按照静力学分析，拱可分成单铰拱（Single Hinged Arch）、双铰拱（Double Hinged Arch）、三铰拱（Triple Hinged Arch）和无铰拱（Hinge-less Arch）。因铰的构造较为复杂，一般常采用无铰拱体系。

3. 悬索桥

悬索桥主要由主缆（Cable）、塔（Pylon）、锚碇（Anchorage）、加劲梁等组成。对于跨度较小（如小于 300m）、活载较大且加劲梁较刚劲的悬索桥，可以视其为缆与梁的组合体系。但大跨度（1000m 左右）悬索桥的主要承重结构为缆，组合体系的效应可以忽略。在竖向荷载作用下，其悬索受拉，锚碇处会产生较大的竖向（向上）和水平反力。悬索通常用高强度钢丝制成主缆，加劲梁多采用钢桁架或扁平钢箱梁，桥塔建筑材料可采用钢筋混凝土或钢。因悬索的抗拉性能得以充分发挥且主缆尺寸基本上不受限制，故悬索桥的跨越能力一直在各种桥型中名列前茅。不过，由于结构的刚度不足，悬索桥较难满足当代铁路桥梁的要求。

对于跨度相对较小（通常不大于 300m）的悬索桥，当两岸用地受到限制而无法布置锚碇时，或者出于景观需要，可采用自锚式悬索桥（Self-anchored Suspension Bridge）。其特点是：将大主缆的两端直接锚固在加劲梁的两端，不用修建大体积的锚碇。

4. 组合体系

组合体系桥（Bridge with Combined System）是指承重结构采用两种基本结构体系，或一种基本结构体系与某些构件（塔、柱、斜索等）组合在一起的桥。在两种结构体系中，梁经常是其中一种，与梁组合的，则可以是拱、缆或塔、斜索。代表性的组合体系有以下几种。

（1）刚架桥

刚架桥（Portal Bridge）是指梁与立柱（或称为墩柱）刚性连接的桥梁。其主要特点是：立柱具有相当的抗弯刚度，故可分担主梁跨中正弯矩，达到降低梁高、增大桥下净空的目的。在竖向荷载作用下，主梁与立柱的连接处会产生负弯矩；主梁、立柱承受弯矩，也承受轴力和剪力；柱底约束处既有竖直反力，也有水平反力。刚架桥的形式多半是立柱直立的(也可斜向布置)、单跨或多跨的门形框架，柱底约束可以是铰接或固结。钢筋混凝土和预应力混凝土刚架桥适用于中小跨度的、建筑高度要求较严的城市或公路跨线桥。

随着预应力技术和对称悬臂施工方法的发展，具有刚架形式和特点的桥梁可用于跨径更大的情况，如 T 形刚构桥。预应力混凝土 T 形刚构桥(T Shaped Rigid Frame Bridge)是因悬臂施工方法的发展而衍生出来的一种桥型。其桥墩的刚度较大，与主梁固结，仍采用跨中设铰或简支挂孔来连接两 T 构；融合了悬臂梁桥和刚架桥的部分特点；因是静定结构，能减少次内力、简化主梁配筋；T 构有利于对称悬臂施工，但粗大的桥墩因承受弯矩较大而费料；桥面线型不连续而影响行车。目前，已很少采用这种桥式。

斜腿刚构桥(Portal Bridge with Inclined Legs)的墩柱斜置并与主梁刚性连接，其受力特点介于梁和拱之间。在竖向荷载作用下，斜腿以承压为主，两斜腿之间的主梁也受到较大的轴向力。斜腿底部可采用铰接或固结形式，并受到较大的水平推力。对跨越深沟峡谷两侧地形不宜建造直立式桥墩的情况，斜腿刚构桥表现出其独特之处。另外，墩柱在立面上呈 V 形并与主梁固结的桥梁，称为 V 形刚构桥，其在受力上具有连续梁和斜腿刚构的特点。V 形支撑既可加大跨度，也可适当减小梁高，外形也较美观。

在连续梁桥的基础上，把主跨内较柔性的桥墩与主梁固结起来，就形成所谓的连续刚构桥(Continuous Rigid Frame Bridge)。其特点是：桥墩(为单壁或双壁，称为薄壁墩)较为纤细，以受轴向力(而不是受弯)为主，表现出柔性墩的特性，这使得主梁受力仍然体现出连续梁的受力特点(主跨主梁受到较小轴力作用)。这种桥式除保持了连续梁的受力优点外，还节省了大型支座的费用，减少了墩及基础的工程量，改善了结构在水平荷载下的受力性能，有利于简化施工工序，适用于需要布置大跨、高墩的桥位。近年来，连续-刚构体系在桥梁工程中的应用越来越普遍，如主跨 270m 的虎门大桥辅航道桥、主跨 330m 的重庆石板坡长江大桥复线桥。

(2) 梁、拱组合体系

梁、拱组合体系同时具备梁的受弯和拱的承压特点，可以是刚性拱及柔性拉杆，也可以是柔性拱及刚性梁。这类结构的主要优点是：利用主梁受拉(若悬混凝土梁，则对其施加预应力)，来承受和抵消拱在竖直荷载下产生的水平推力。这样，桥跨结构既具有拱的外形和承压特点，又不存在很大的水平推力，可在一般地基条件下修建。

(3) 斜拉桥

斜拉桥是由梁、塔和斜索组成的组合体系，结构形式多样，造型优美壮观。在竖向荷载作用下，梁以受弯为主，塔以受压为主，斜索则承受拉力，梁体被斜索多点扣住，表现出弹性支承连续梁的特点。这样，梁体荷载弯矩减小，梁体高度可以降低，从而减轻了结构自重并节省了材料。另外,塔和斜索的材料性能也能得到较充分的发挥。因此,斜拉桥的跨越能力仅次于悬索桥,是近几十年来发展很快的一种桥式。

上述对结构体系的分类远不能包容式样繁多的桥梁形式。仅仅对桥梁的结构体系有所了解,还远不能完全把握住桥梁的结构特点。在结合桥位情况选择某种结构体系的同时,还需要对与这一结构体系相适应的建桥材料(钢筋、混凝土或两者兼有)、结构横截面形状及布置(多主梁或箱梁)、结构的横向和立面布置(如斜拉桥和索面的布置和造型)、重要构造细节(如预应力配筋方式及其锚头的形式和吨位,杆件汇合处的节点处理)、施工方法(如浮运、顶推、悬臂施工之类)等进行比较、分析和选择。这样,才能建造出符合工程规律、具有经济效益的桥梁工程。

第三节 桥梁的规划与设计

规划与设计是桥梁建设过程中的重要环节。桥梁性能的优劣很大程度上取决于规划与设计的质量。本节主要介绍桥梁的建设程序,桥梁设计的基本原则,桥梁的总体布置以及桥梁设计中需要考虑的作用类型。

一、桥梁的建设程序

大型桥梁的设计工作可分为前期规划与三阶段设计两部分。前期规划包括:调研相关资料和信息,开展预可行性研究,提出初步的研究报告或项目建议书;在项目建议书批复后,编制翔实的可行性研究报告,为设计任务书的编制提供重要依据。后续的三阶段设计包括初步设计、技术设计与施工图设计(也称施工设计)。对于常规桥梁,通常采取两阶段设计(初步设计、施工图设计)。各个设计阶段都有各自需要包含的内容和深度,以及要达到的目的和需解决的问题。可行性研究报告或设计文件完成后的审批由相关主管部门(建设单位或业主)办理。批准后的文件就是开展下一阶段工作的依据。

桥梁的建设程序包括以下几个阶段:审批项目建议书进行工程立项,审批可行性研究报告确定设计任务书,在初步设计基础上形成招标文件并逐次进行工程设计、施工、监理招标、工程施工等。设计阶段与建设程序所包含的内容及其相互关系见图4-64。现就可行性研究、初步设计、技术设计与施工图设计分别说明如下。

1. 可行性研究

可行性研究主要论证是否需要建桥的问题,包括工程可行性和经济可行性两部分。工程可行性需要基本确定桥梁设计标准、桥位、桥式等技术问题,而经济可行性则需解决工程投资、资金筹措及偿还等问题。一座桥梁的可行性论证涉及的因素很多,包括区域社会经济分析、交通发展预测、建设方案、工程实施、投资与融资、环境影响等。只有通过充分的调查研究,全面的权衡分析,才能得出合理的结论,提出符合实际的设计任务书。下面就工程可行性研究中的一些主要问题说明如下:

(1)桥梁技术标准的确定

首先,需调查研究桥上可能通行的交通种类及其要求(如是否有等级以外的特殊荷载,桥上是否需铺设附属管线等),预测交通流量和今后可能发生的增长率,由此确定线路等级需要的车道数或行车道宽度、非机动车道宽度、荷载等级等。其次,要确定容许行车速度、桥梁纵坡和曲线半径等。此外,还要确定航运标准、航运水位、通航净空、船舶吨位以及要求的航道数量及位置等。航运标准直接影响桥梁的高度和跨度设计,是影响桥梁建设规模的主要因素之一。设计部门需与航运部门充分协商,慎重对待。此外,为了满足泄洪需求,桥下净空还需满足水利部门的相关要求。

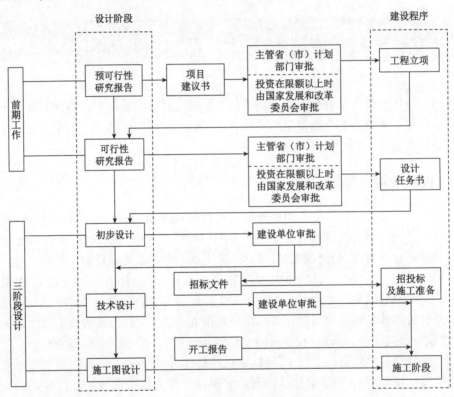

图 4-64 设计阶段与建设程序关系图

(2)桥位选择

一般而言,桥位的选择在大方向上应服从桥梁所连接的两端线路的走向;在小范围内,桥位可作适当挪动以便比较。建在城市范围内的桥梁,其桥位应满足城市道路总体规划的要求。从线路的观点来看,既要降低桥梁的建筑和养护费用,也要避免或减少因车辆绕道而增加的投资和运输费用;而从桥梁的观点出发,应尽可能把桥位选择在河道顺直、河槽固定、水流平稳、河面较窄、地质良好、河床冲淤变化较小可基本正交跨越的河段,以降低造价、提高桥梁结构的安全性和稳定性。因此,对重要的或在经济上影响较大的桥梁,其桥位选择应通过路桥综合比较后确定。

除路桥比较外,在确定桥位时,还需要对其他因素(如通航条件、地质条件、水文情况、气候条件、建桥与周边环境的关系等)进行比较。一般需提交2~3个桥位,以便进行多方面的综合比较,从中选择出合理桥位。

(3)桥式方案比较

一般情况下,桥式方案比较的目的,在于评估各方案的技术可行性,特别是桥梁基础工程的可行性。为此,应该采取相对比较成熟的方案以提高评估的可信性。在编制桥式方案时,应根据水文、地质及航运条件,研究主桥、引桥的长度及跨度,并以各种结构形式及不同材料的上部结构进行同等深度的比较,并提供各个方案的建造方法和工程材料用量等,以工程量适度、技术先进并且可行的方案作为一个桥位的桥式参选方案。

(4)调查工作

上述几项工作应在实地勘测调查的基础上进行,包括地形测量、地质勘探、水文资料调查等。此外,还应调查、了解其他与建桥有关的情况,如当地的砂、石料、水、电力等的供应情况,当地及附近的运输条件,施工场地的确定及征用(桥头附近是否有足够的施工场地,是否占用农田,是否有无需拆迁的建筑物),有无文物、古迹或不能拆迁的建筑物,桥梁高度是否在机场航空净空范围以内;附近有无码头、过江电缆、航运锚地等。

2. 初步设计

由计划部门下达的"设计任务书"是进行初步设计的依据。"设计任务书"要就桥位、建桥标准、建桥规模等控制性要求作出规定。在进行进一步勘测工作时如发现选定的桥位确系地质不良,并将造成设计、施工困难时,可以在选定桥位的上、下游附近不影响桥梁总体布置的范围内通过地质条件的比较,推荐一个新的桥位。下面介绍初步设计阶段的主要工作内容。

(1)进一步开展水文、勘测工作

在初步设计(Preliminary Design)阶段还要通过进一步的水文工作提供基础设计和施工所需要的水文资料,施工期间各月可能的高、低水位和相应的流速(各个墩位处同一时期流速有所不同),以及河床可能的最大冲刷和施工时可能的冲刷等。

本阶段的勘测工作称为"初勘"。在初勘中,要求建立以桥位中心线为轴线的控制三角网,提供桥址范围内1:2000地形图。

勘探工作一般在桥轴线上的陆地及水上布置必要的钻孔。必要时还要在桥轴线的上、下游适当布置一些钻孔,以便能控制住岩层构造情况及其变化。根据钻探取得的资料确定岩性、强度及基岩风化程度,覆盖层的物理、力学指标,以及地下水位情况等。

(2)桥式方案比选

桥式方案比选是初步设计阶段的工作重点,一般均要进行多个方案比较。各方案均要求提供桥式布置图。图上必须标明桥跨布置,高程布置,上、下部结构形式及工程数量。对推荐方案,还要提供上、下部结构的结构布置图,以及一些主要的及特殊部位的细节处理图。各类结构都需经过检算并提出可行的施工方案。

推荐方案必须是经过比选后得出的,要经得起反复推敲。采用什么桥式和跨度必须建立在科学的基础上,切忌先入为主,搞一窝蜂,赶时髦,或在某种主观意志的支配下,一定要搞某种桥式或一定要搞多大跨度。所谓科学性,具体体现在方案比选时要贯彻"安全、适用、经济、耐久、美观、环保"的原则。努力修建一座造价低,又能处理好各方面的关系,既实用又美观的桥梁,把尽可能节省下来的钱,用于修造更多的桥梁,造福人民,应该是建设主管部门和桥梁设计人员共同追求的目标,前者肩负更大的责任。

在桥式布置中首先要慎重确定桥梁跨度,特别是主跨的跨度。采用大跨度对通航有利,也可减少费力费时的基础工程量。但是采用大跨度相对小跨度而言造价要高,工期要长,故要加以综合比较。

桥跨布置必须在充分掌握资料的基础上进行,要研究在高、中、低水位时的航道轨迹。通航桥跨要与航道相适应,要能覆盖各种水位时航道可能出现的变化。一般情况下,桥梁跨度应比航道要求的标准宽度稍大,留有一定富余即可,过大则没有必要。

桥梁跨度的大小也会受到自然条件及施工条件的限制。如果基础的设计、施工困难,施工时航运繁忙,则要减少桥墩而加大跨度。例如上海南浦、杨浦大桥水上施工时要受黄浦江上航运繁忙的影响,会互相干扰,故采用一跨过江的方案是合理的。

基础工程的选择也至关重要。钻孔桩在设计、施工、检验技术方面已趋成熟,施工简便,质量可靠,陆地或浅水地段使用比较有利。水中基础采用钻孔形式也是可靠的,但在如何选择施工方案方面,还有进一步提高的必要和可能。沉井基础也常常是值得比较的基础类型。

(3)科研项目

在初步设计阶段,要提出设计、施工中需要进一步寻求解决的技术难题的科研项目及经费计划,待主管部门审批初步设计文件时一起审批,批准后才能实施。

(4)施工组织设计

对推荐桥式方案要编制施工组织设计,包括主要结构的施工方案,施工设备清单,材料来源,施工安排及工期等。

(5)概算

根据工程量、施工组织设计以及标准定额编列概算。各个桥式方案都要编列相应的概算以便进行不同方案工程费用这一项目的比较。

按照规定,初步设计概算不能大于前期工作已批准的估算的10%,否则方案应重新编制。根据具体情况,对概算适当调整,可以作为招标时的"标底"。

在主管部门审批初步设计文件时,如对推荐方案提出必须修改的意见,则需根据审批意见,另外编制"修改初步设计"报送上级审批。

3. 技术设计

技术设计(Technical Design)阶段要进行补充勘探(简称"技勘")。在进行补充勘探时,水中基础必须每墩布置必要的钻孔。岸上基础的钻孔也要有一定的密度,基础下到岩层的钻孔应加密,还要通过勘探充分判断土层的变化。

技术设计阶段的主要内容是对选定的桥式方案中的各个结构总体的、细部的技术问题作进一步研究解决。在初步设计中批准的科研项目也要在这一阶段中予以实施,并得出结果。

技术设计阶段要对结构各部分的设计提出详尽的设计图纸,包括结构断面、配筋,细节处理,材料清单及工程量等。

技术设计的最后工作是调整概算(修正概算)。

4. 施工图设计

在施工图设计(Design for Construction Drawing)阶段还要进一步根据施工需要进行补充钻探(称"施工钻探"),特别是对于重要的基础。支承在岩层内的基础要探明岩面高程的变化(一般不再布置深钻孔)。

根据批准的技术设计文件,绘制可以使施工人员按图施工的施工详图。绘制施工详图过程中对断面不宜作大的变动,但对细节处理及配筋,特别是钢筋布置则允许作适当改进性的变动。

根据施工图设计资料,施工单位编制工程预算。

施工图设计可以由原编制技术设计的单位继续进行,也可由中标的施工单位进行。施工单位在编制施工图设计文件时,如对技术设计有所变更,则要对变更部分负责,并要得到监理的认可。顾名思义,施工图设计文件是为施工需要而编制的,不管是由设计单位还是由施工单位编制施工图设计文件,均必须符合施工实际,满足既有施工条件及施工环境,且必须是能够直接按图施工的文件。

二、桥梁设计的基本原则

桥梁的设计应满足结构安全、功能适用、投资经济、造型美观的要求,同时也要注重构造耐久,建造环保。简而言之,桥梁设计应遵循安全、适用、经济、美观、耐久、环保的原则。

桥梁的安全(Safety)既包括桥上车辆、行人的安全,也包括桥梁本身的安全。结构在使用年限内,在各种自然作用和人为作用下,应具有足够的承载能力,能保持适当的安全度,这是对每一座桥梁的基本要求。

桥梁的适用(Serviceability)要求包括:能保证行车的通畅和舒适;桥梁的通行能力既能满足当前需要,也可适当照顾今后发展;对跨越河流的桥梁,考虑地质水文条件,以不妨碍通航或桥下交通为前提,制定出合理跨度;位于或靠近城市、村镇等的桥梁,还应当综合考虑桥头和引桥区段的环境和发展。

在安全、适用的前提下,经济(Economy)是衡量设计技术水平和做出方案选择的主要因素。桥梁设计应体现出经济特性。对于重大的桥梁工程,应基于先进的设计理念,开展概念设计和全寿命设计,通过多方案比选,详细研究技术上的可行性和先进性,以及经济上和管养上的合理性。这样,才能对桥梁的建造消耗(材料、机具和劳力)、施工(费用、工期、技术)技术发展(新结构、新材料、新工艺)和今后使用(养护维修、加固、废弃)等因素进行统筹考虑,得出合理的经济结论。

在安全、适用和经济的前提下,尽可能使桥梁具有优美的造型,并与周边环境相协调是桥梁建筑美学(Aesthetics)的基本要求。合理的结构造型和布局、正确表达力的传递、保持建筑风格与周围环境的协调,是体现桥梁美感的主要因素。对一些特定的桥梁(如位于城市或风景区的桥梁),可适度考虑桥梁建筑的艺术处理,但不应采纳虚假浮华的结构造型,不应追求繁琐浪费的细部装饰。

桥梁耐久性(Durability)的基本要求是:在使用年限内,桥梁一般只需常规养护维修就可保证正常使用。但随着桥龄的增长,耐久性问题会逐步显露出来;因此需要从设计层面,考虑不同构件的耐久性差异,加强构件的可控性(可检、可养、可强、可换),尽量减少养护维修给日常交通带来的不利影响。

为满足社会的可持续发展要求,环境保护正在成为桥梁设计的基本原则之一。在设计层面,需要采用先进的设计理念和方法,优化结构设计,增强耐久性,保护自然和人文环境,以达到节能降耗、延长桥梁使用寿命的目的。

三、桥梁的总体布置

1. 桥梁立面布置

桥梁立面(Elevation)布置包括桥梁总长、桥梁孔径、桥面高程、桥下净空、桥上及桥头的纵坡布置等。

桥梁的总长一般根据桥渡水文计算确定。一方面,桥梁墩台和桥头路堤会侵入并压缩河床,使桥下过水断面减小,水流流速加大,引起河床冲刷,因此,桥梁总长必须保证桥下有足够的过洪面积,以避免或减小桥梁墩台基础受到过大的冲刷;另一方面,不能因为冲刷而过度增加桥梁总长,导致工程投资增大。在确定桥梁总长时,既要依据计算结果,也要结合基础类型、埋置深度等因素来考虑。例如,对于深置基础,可允许有较大冲刷,这样,就可适当压缩桥下过洪面积,以缩短桥梁总长。

在桥梁总长确定后,还需进行孔径布置。对于一座较大规模的桥梁,其孔径布置既与经济、技术、结构体系和桥式等有关,也与通航要求、地形地质以及水文情况有关。往往需要反复细致的比较,才能确定出相对理想的方案。

桥梁的孔径布置与造价有关。通常,跨径越大,孔数和桥墩数量越少,上部结构的造价就越高,施工难度就越大,而下部结构的造价就可适当降低。一般认为,经济的孔径布置就是使上部结构与下部结构的造价相近,这样的跨径称为经济跨径。这样,在桥墩较高或地质不良,基础工程较复杂而造价较高时,桥梁跨径可选得大一些;反之,跨径就可选得小一些。

在采用某种结构体系(如连续梁桥、连续刚构桥、斜拉桥)时,为了结构受力合理和用材经济,分跨时要考虑合理的边跨(Side Span)与中跨(Middle Span)的比例。在有些情况下,为避免在河中搭设或修建临时墩,可加大跨径,并配合悬臂法施工。在山区或峡谷地区建桥时,多采用大跨径桥梁跨越河流深谷,以避免建造过多的高桥墩。在可能发生泥石流的山区隘口以及在冬季可能产生冰坝、水塞的河湾等处建桥时,应使桥梁墩台的布置避开地质险恶区段。

通航河流上的桥梁,当通航净宽大于经济跨径时,通常将通航桥孔的跨径按通航净宽来确定,其余的孔径则可参照经济跨径选用。对于变迁性河流或一个通航桥孔不能满足通航能力或要求的情况,则需要设置若干个通航桥孔。注意在设置通航桥孔的跨度时,需要考虑可能的船舶撞击的影响。

总之,桥梁的孔径布置问题较为复杂。实际采用的孔径,应从经济合理和技术可行等方面综合考虑,合理选择出满足通航、泄洪、地质、环境等要求的孔径布置,由于技术和经济方面的限制,不宜选择过长的跨径(以及过深的基础),这样会导致投资过高、施工困难以及工期过长。那些为追求"第一"而刻意加大跨度的做法,是不可取的。

一般,在线路纵断面(Profile)设计中,已初步确定出各桥位处的桥面高程,对大型桥往往可通过调整线路的局部设计来适应桥梁设计;此时,可根据桥位处的洪水水位、通航净空、桥梁建筑高度等来确定桥面高程。

非通航桥梁的桥下净空,应根据河流的特征及具体情况确定。其尺寸应能保证洪水、流冰、泥石流、漂流物等顺利通过,避免或减小水流冲刷的危害,以及确保桥梁附近路堤稳定。一般,梁底应高出设计洪水水位0.5m以上,支座底面应高出设计洪水水位0.25m以上,见图4-65左跨。具体规定可查阅相关桥梁设计规范中的有关条款。

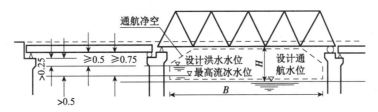

图4-65 桥梁纵断面(尺寸单位:m)

对于通航桥梁,通航孔内自设计通航水位至桥跨结构下缘的高差H以及两桥墩之间的宽度B应满足通航净空(Navigation Clearance)的要求,见图4-65。桥梁结构的任何部件和附属设备不允许侵入通航净空内。通航净空的尺寸要求与航道等级、驳船吨位、船型尺度、船队尺度以及航道、河流类型等有关,设计时应符合现行《内河通航标准》(GB 50139)和《海轮航道通航标准》(JTS 180-3)的规定。

对跨越公路或铁路的桥梁,其桥下净空应能满足所跨越线路的通行要求。

桥梁立面一般设计成具有单向或双向的桥面纵坡,既利于交通,美观效果好,又便于桥面排水(对于不太长的小桥,可以做成平坡桥)。《公路桥涵设计通用规范》(JTG D60—2015)规定:桥上纵坡不宜大于4%,桥头引道纵坡不宜大于5%,桥头两端引道的线形应与桥梁的线形相匹配;位于城镇混合交通繁忙处的桥梁,桥上纵坡及桥头引道纵坡均不得大于3%;对于易结冰、积雪的桥梁,桥上纵坡不宜大于3%。

2. 桥梁横断面布置

桥梁断面布置包括桥面净空、桥面宽度、行车道、机动车道和人行道、自行车道布置等。

桥面净空应符合公路或铁路建筑限界的要求。建筑限界是指为保证车辆安全通行,在与线路中心线垂直的横断面上,在路面(轨面)以上的一定宽度和高度范围内,不允许有任何设施及障碍物侵入的最小尺寸。

桥面宽度的确定,需在满足行车道宽度要求的基础上,根据实际情况考虑分隔带宽度、非机动车道宽度等。铁路桥梁的桥面宽度主要依据建筑限界的要求和线数(单线、双线或多线)确定。例如,对单线道砟桥面的干线铁路桥,要求道砟槽顶面外缘宽不小于3.9m。

在弯道上的桥梁,应按线路要求加宽弯道内侧并在弯道外侧设置超高。

高速公路上的桥梁应设检修道,不宜设人行道。一般公路桥上人行道和自行车道的设置,应根据需要而定,并与前后线路上的设置协调。人行道的宽度为0.75m或1.0m;当大于1.0m时按0.50m的级差增加。非机动车道与行车道之间,应设护栏等分隔装置。

对于干线铁路桥梁,桥面应根据养护需要设置单侧或双侧带栏杆的人行道,道砟桥面应设置双侧带栏杆的人行道。市区内的铁路桥梁,可根据人行交通需求设置专门的人行道。直线上的桥梁,自线路中心至人行道栏杆内侧的净距,对小桥为2.45m,对大、中桥为3.00m。曲线上的桥梁,该净距应根据限界要求加宽。另外,沿桥梁全长每隔30m左右,应在人行道栏杆外侧设置避车台一处。在考虑养路机械化的特大桥上,应每隔50m左右加大一处车台,兼作停放养路机械的平台。对于高速铁路桥梁,人行检修通道宽1m,其内侧距车辆壁的间距(称为风压带跨度)不小于1.2m,同时将人行道直接布置在主梁顶板边缘而不采用在主梁外侧加托架的方式。

为便于排水,桥面还需设置横坡。

3. 桥梁平面布置

桥梁的平面布置与线路和河道(或其他线路)两者的相交情况有关,还受到桥址处地形地物的制约。通常的布置方式有正交、斜交、单向曲线和反向曲线等几种,见图4-66。

正交桥最为常见,桥梁构造也相对简单,绝大多数桥梁(尤其是大跨度桥梁)的平面布置均采用正交形式。当桥梁纵轴线方向与河道主流流向不能正交时,需采用斜交方式布置,其斜度(指桥梁纵轴线与表示桥梁正向布置的轴线之间的夹角)一般不大于45°,在通航河流上不宜大于5°。

当受到地形限制时,可把桥梁设置在曲线上(多孔跨度不大的直梁布置成折线状,让桥面满足曲线要求)或直接建造弯梁桥(结构本身在平面内呈曲线形状)。桥梁曲线半径应符合有关规定,例如,对于平原微丘区的一级公路,桥梁曲线半径一般不小于700m;对于Ⅰ级铁路干线,桥梁最小曲线半径为400m;对于行车速度在250~350km/h之间的高铁桥梁,其平面曲线半径通常在8000m左右,最大不超过12000m。

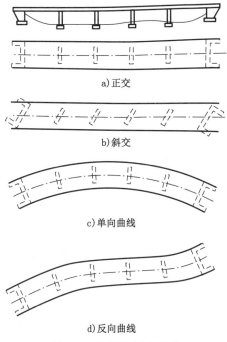

图 4-66 常见平面布置形式

四、桥梁作用类型

在完成桥梁的总体布置后,需要选择合适的结构体系、构件尺寸、截面形式和材料,进行桥梁结构设计,并对结构进行受力分析与计算,按照规范要求进行验算,以保证桥梁的安全、适用、耐久。

在对桥梁结构进行分析计算之前,需要明确桥梁可能承受的各种"作用"。按作用的性质,可把引起桥梁结构响应的作用分为两类:一类是直接施加于结构上的外力,如结构重力、车辆、人群等,常称为"荷载";另一类不是以力的形式施加于构件,其产生的效果与结构本身的特性及结构所处环境等有关,如基础变位、混凝土收缩和徐变、温度变化等,习惯上也称其为"荷载",但这种叫法并不确切,且容易引起误解。因此目前倾向于将所有引起结构响应的因素统称为作用,而"荷载"则特指上述前一类作用。

作用的种类、形式、大小的确定是否得当,既关系到桥梁建设的投资,也关系到桥梁的安全。因此,合理确定作用及其组合,是桥梁设计中的重要一环。

在施工和使用过程中,桥梁除了承受本身自重和各种附加恒载外,主要是承受桥面通行的各种汽车荷载和人群荷载。由于桥梁结构长期处于自然环境之中,同时还承受气候、水文等复杂因素的影响,根据随时间的变异性和出现的可能性,通常将作用分为 3 类,即永久作用(Permanent Action)、可变作用(Variable Action)和偶然作用(Accidental Action)。由于地震作用是一种特殊的偶然作用,《公路桥涵设计通用规范》(JTG D60—2015)将其单列为一类(表 4-6)。

公路桥梁作用分类　　　　　　　　表4-6

序号	作用分类	作用名称
1	永久作用	结构重力(包括结构附加重力)
2		预加力
3		土的重力
4		土侧压力
5		混凝土收缩及徐变作用
6		水的浮力
7		基础变位作用
8	可变作用	汽车荷载
9		汽车冲击力
10		汽车离心力
11		汽车引起的土侧压力
12		汽车制动力
13		人群荷载
14		疲劳荷载
15		风荷载
16		流水压力
17		冰压力
18		波浪力
19		温度(均匀温度和梯度温度)作用
20		支座摩阻力
21	偶然作用	船舶的撞击作用
22		漂流物的撞击作用
23		汽车撞击作用
24	地震作用	地震作用

1. 永久作用

永久作用亦称恒载,它是在设计使用期内,其作用位置和大小、方向不随时间变化,或其变化与平均值相比可忽略不计的作用。永久作用包括结构物自重、桥面铺装及附属设备的重量、作用于结构上的土重及土侧压力、基础变位作用、水浮力、长期作用于结构上的预应力以及混凝土收缩(Shrinkage)和徐变(Creep)作用。

2. 可变作用

可变作用为在设计使用期内,其作用位置和大小、方向随时间变化,且其变化与平均值相比不可忽略的作用。桥梁设计中考虑的可变作用主要有汽车荷载和人群荷载。汽车荷载除了考虑车辆自重外,还应计入其冲击力、制动力和离心力,如图4-67所示。城市桥梁的人群荷载更加显著,因此城市桥梁对人群荷载的规定相对于公路桥梁更加全面和严格。以往的城市桥梁中有出现因为行人荷载过大引起桥梁损失的案例,因此在设计标准中应特别注意。对于桥梁墩台,所有车辆荷载尚应计算其所引起的土侧压力。此外墩台可能承受的可变作用还包括支座摩阻力、温度作用、流水压力、冰压力和波浪力等。

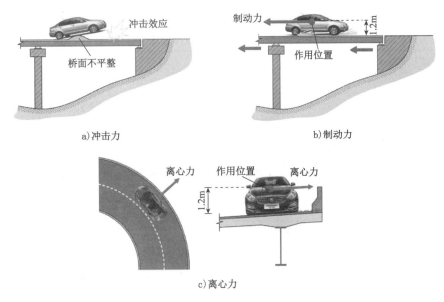

图4-67 汽车荷载

3. 偶然作用

偶然作用为在结构使用期内出现的概率很小,一旦出现,数值很大且持续时间很短的作用。主要包括船舶的撞击作用、漂流物的撞击作用和汽车的撞击作用,如图4-68所示。

图4-68 船舶撞击作用

4.地震作用

根据《公路桥梁抗震设计规范》(JTG/T 2231-01—2020),地震作用一般分为两类:E1 地震作用和 E2 地震作用。E1 地震作用是指工程场地重现期较短的地震作用,对应于第一级设防水准;E2 地震作用是指工程场地重现期较长的地震作用,对应于第二级设防水准。按公路桥梁的重要性和修复(抢修)的难易程度,将桥梁抗震设防分为 A 类、B 类、C 类和 D 类四个抗震设防类别,分别对应不同的抗震设防标准和设防目标(表 4-7)。

各设防类别桥梁的抗震设防目标与适用范围　　　　表 4-7

桥梁抗震设防类别	适用范围	设防目标	
		E1 地震作用	E2 地震作用
A 类	单跨跨径超过 150m 的特大桥	结构总体反应在弹性范围,基本无损伤;可正常使用	可发生局部轻微损伤;不需修复或经简单修复即可正常使用
B 类	单跨跨径不超过 150m 的高速公路、一级公路上的桥梁,单跨跨径不超过 150m 的二级公路上的特大桥、大桥	结构总体反应在弹性范围,基本无损伤;可正常使用	不致倒塌或产生严重结构损伤;经临时加固后可供维持应急交通使用
C 类	二级公路上的中桥、小桥,单跨跨径不超过 150m 的三、四级公路上的特大桥、大桥	结构总体反应在弹性范围,基本无损伤;可正常使用	不致倒塌或产生严重结构损伤;经临时加固后可供维持应急交通使用
D 类	三、四级公路上的中桥、小桥	结构总体反应在弹性范围,基本无损伤;可正常使用	—

第四节　桥梁施工方法

桥梁施工方法主要有支架施工法、悬臂施工法、顶推施工法、转体施工法、劲性骨架法和缆索吊装法。不同桥型常用的施工方法简介如下:

一、梁桥施工方法

梁桥施工可以采用支架施工法、悬臂施工法和顶推施工法。

1.支架施工法

支架施工法是一种古老的施工方法,它是在支架上安装模板、绑扎及安装钢筋骨架、预留预应力孔道,并在现场浇筑混凝土与施加预应力的施工方法。支架施工法施工无需预制场地,而且不需大型起吊、运输设备,桥跨结构整体性好。但施工工期长,施工质量受季节影响大,预应力混凝土梁会因混凝土收缩、徐变的影响产生较大的预应力损失,并且由于施工需用大量的模板支架,一般仅在小跨径桥或交通不便的边远地区采用。

随着桥梁结构形式的发展,出现了一些变宽的异形桥跨、弯桥等复杂的混凝土结构,又由于近年来临时钢构件和万能杆件系统的大量应用,在其他施工方法都比较困难且搭设支架方便、费用较低时,也有在中、大桥梁中采用就地浇筑的施工方法。

2. 悬臂施工法

悬臂施工法可分为悬臂拼装法和悬臂浇筑法。悬臂拼装法梁段采用逐段拼装的方式,梁段在梁场预制,利用移动式悬拼吊机将预制梁段起吊至桥位,然后采用环氧树脂胶和预应力钢丝束连接成整体,一个节段张拉锚固后,再拼装下一节段。悬臂浇筑法由联邦德国迪维达克公司于1959年首先创造和使用,它将梁体每2~5m分为一个节段,以挂篮为施工机具进行对称悬臂浇筑施工,其施工过程见图4-69。

悬臂施工可使用少量机具设备,免去设置支架,方便地跨越深谷、大河和交通量大的道路,施工不受跨径限制,但因施工受力特点,悬臂施工宜在变截面梁中使用。据统计,1972年以后建造的、跨度在100m以上的预应力混凝土连续梁桥中,采用悬臂施工法的占80%以上。由于施工的主要作业都是在挂篮中进行,挂篮可设顶棚和外罩,以减少外界气候影响,便于养护、重复操作,有利于提高效率和保证质量;同时在悬浇过程中还可以不断调整节段的误差,提高施工精度。

3. 顶推施工法

顶推施工法的基本步骤:在桥台后面的引道上或在临时支架上设置制梁场,集中制作(现浇或预制装配)梁段,待有2~3段后,在上下翼板内施加能承受施工中变号内力的预应力,然后用水平千斤顶等顶推设备将支承在聚四氟乙烯滑块与不锈钢板滑道上的箱梁向前推移,推出一段再接长一段,这样周期性地反复操作直至最终位置,进而调整预应力(通常是卸除支点区段底部和跨中区段顶部的部分预应力筋,并且增加和张拉一部分支点区段顶部和跨中区段底部的预应力筋),使满足后加恒载和活载内力的需要,最后,将滑道支承移置成永久支座,至此施工完毕。

顶推施工法,按水平力的施加位置和施加方法可分单点顶推和多点顶推,按顶推的施工方向可分为单向顶推和双向顶推,按支承系统可分为设置临时滑动支承顶推和使用永久支座合一的滑动支承顶推等。图4-70a)表示一般单向单点顶推的情况。顶推设备只设在一岸桥台处。在顶推中为了减少悬臂负弯矩,一般要在梁的前端安装一节长度约为顶推跨径0.6~0.7倍的钢导梁,导梁应自重轻而刚度大。单向顶推最适宜建造跨度为40~60m的多跨连续梁桥。对于特别长的多联多跨桥梁也可以应用多点顶推的方式,使每联单独顶推就位,如图4-70b)所示。在此情况下,在墩顶上均可设置顶推装置,且梁的前后端都应安装导梁。图4-70c)示出三跨不等跨连续梁采用从两岸双向顶推施工的图式。用此法可以不设临时墩而修建中跨跨径更大的连续梁桥。

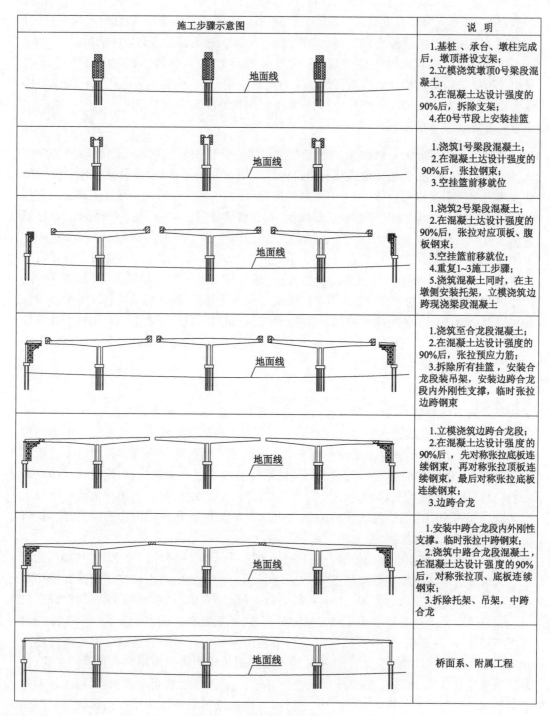

图 4-69 悬臂施工法施工过程示意图

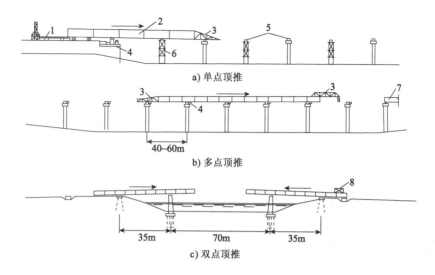

图 4-70 连续梁顶推施工法示意图
1-制梁场;2-梁段;3-导梁;4-千斤顶装置;5-滑道支承;6-临时墩;7-已架完的梁;8-平衡重

二、拱桥施工方法

拱桥施工可采用支架施工法、悬臂施工法、转体施工法、劲性骨架法。

1. 支架施工法

拱桥支架施工法是指:采用各种构件(如型钢、万能杆件等)在主拱设计位置下面建造支撑主拱的满布式支架(呈拱状),在其上就地浇筑或砌筑主拱。这种支架施工的安装和拆除费工费料,施工工序多,工期长,在需通航之处不宜使用,只适用于跨度不大的砌体拱桥。

2. 悬臂施工法

大跨度钢筋混凝土拱桥施工所需解决的问题,是如何承担尚未成拱的拱圈(肋)的材料重力。采用传统的支架施工法难以解决问题,采用如下方法可解决上述问题:一是增加拉索(斜索、力筋),使拱圈或劲性骨架能够悬拼;二是及早让部分材料成拱,使其具有承受随后增加的材料重力的能力。

悬臂施工法是安装钢拱桥最常用的方法。早在 1874 年建成的美国伊兹桥(Eads Bridge)为三跨钢拱,最大跨为 158m,便是采用悬臂施工法的第一座拱桥;1932 年建成的澳大利亚悉尼港桥,采用的是悬臂拼装法;1979 年建成的南斯拉夫克尔克桥(Krk Bridge)为上承式箱形截面钢筋混凝土拱桥,施工方法是将箱形的板件分段(每段长 5m)预制,用缆索吊机吊运就位,拼成箱形截面,再加设临时拉杆,让拱从两岸拱趾处悬臂伸出,直至合龙,如图 4-71 所示。

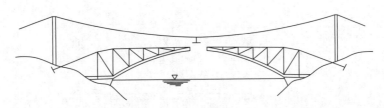

图 4-71　克尔克桥施工

目前采用的无支架悬臂施工方法,主要是缆索吊装-斜拉扣挂法(图 4-72)。采用该方法,需要设计斜拉扣挂系统,包括扣塔、扣锚索和千斤顶张拉调整设备。通常,扣塔与缆索吊装体系中的索塔合二为一,多布置在拱脚靠岸侧或交界墩上;扣索和锚索采用钢绞线,可通长布置(绕过扣塔)或分段布置;布置在扣塔靠河心侧的称为扣索,靠岸侧的称为锚索。通过缆索吊机,将主拱(或钢管,或劲性骨架)分片分段起吊,就位后通过一对扣锚索,将重力转移到已吊装就位的拱段上。如此循环,直至拱圈合龙。

图 4-72　苏龙珠大桥悬臂施工

3. 转体施工法

转体施工法是近 20 年来发展起来的施工方法。先以半拱为单元,分别在两岸预制,随后,可以让半拱绕拱趾水平线竖转,也可以绕拱端竖直线平转,让半拱在拱顶合龙。与吊装方法相比,可省去不少高空作业,减少施工设备。

1989 年在四川涪陵建成的乌江桥,跨度 200m,采用平转方法合龙。2000 年在广州所建成的丫髻沙大桥,主跨 360m,是三跨连续自铺中承式钢管混凝土系杆拱桥(图 4-73)。该桥在施工中采用了先竖转、次平转的方法进行合龙。竖转之前,先在两岸拱座处,顺河堤搭设支架,在支架上拼装主拱拱肋钢筋及边跨(并浇筑混凝土),在拱座上设索塔;然后,在主跨半拱上设撑架,用扣索从边跨、过塔顶鞍及撑架顶、连到主跨,再张拉扣索,主跨半拱(其重量为 19600kN)即可竖转。平转之前,在左右拱座之间设连接横梁,在横梁中点设中心转轴在下转盘顶面设环道;千斤顶及牵引索作为平转的动力;平转结构总重大约137200kN。

4. 劲性骨架法

劲性骨架法是先把钢骨架拼装成拱,作为施工拱架使用(图4-74),然后在其下挂模板,现浇混凝土,把这些骨架埋入拱圈混凝土中,形成钢筋混凝土拱。例如跨度420m的万州长江大桥的钢管(400m)骨架在工厂加工成全宽桁段(钢管为弦杆,角钢组合为腹杆),全桥共分36段,每个桁段长13.0m,宽15.6m,高6.85m,平均重598kN。桁段由船运至桥下,用缆索吊机逐段安装,并用高强钢束扣挂,直至合龙。之后压注钢管混凝土,使拱架刚度提高;浇筑中室混凝土,形成稳定的单室结构;再浇筑两边室混凝土。特点是:让先浇的混凝土获得强度,与拱架共同承担后浇混凝土重量,逐步形成单箱三室钢筋混凝土箱形拱。最后施工拱上建筑,直至成桥。

图4-73 丫髻沙大桥转体施工

图4-74 万州长江大桥劲性骨架

三、斜拉桥施工方法

斜拉桥主梁施工可采用支架施工法、顶推施工法、转体施工法,但使用最多的还是悬臂施工法,它适合于各种跨径的斜拉桥的施工。

1. 支架施工法

在支架或临时支墩(墩间设托架)上修建主梁的方法最简单方便,但这类方法只有当桥面不高、桥下能够搭设支架或支墩时才可以采用。混凝土斜拉桥边跨端部一定长度的梁段,因需要配重而无法悬臂施工时,多采用支架施工法。

2. 顶推施工法

顶推施工法只适用于塔梁固结、梁墩分离的斜拉桥体系,如图4-75所示。可分为纵移和横移两种情况。纵移与连续梁所用顶推法大致相同。横移是指在平行于桥轴线的桥位一侧修建上部结构,然后横向顶推到桥轴位置。由于能使交通中断时间缩短,故这种方法最适合于替换旧桥。

3. 转体施工法

转体施工法在斜拉桥施工中应用不多,主要是应用于跨铁路斜拉桥中。为了减小斜拉桥施工对铁路正常运营的影响,通常先平行于铁路将斜拉桥主体施工完成,然后再进行转体施工,与两侧引桥相接,如吉林省四平市的东丰路跨铁路立交桥(图4-76)。

图4-75　米约大桥顶推施工　　　　　　　图4-76　东丰路跨铁路立交桥转体施工

4. 悬臂施工法

悬臂施工法是斜拉桥普遍采用的方法(图4-77)。它可以是在支架(或支墩)上建造边跨,然后中跨采用悬臂施工的单悬臂法,也可以是对称平衡施工的双悬臂法。悬臂施工法的工序大致分为:修建索塔;吊装主梁节段(悬臂拼装法)或现浇混凝土主梁节段(悬臂浇筑法);安装并张拉斜索;主梁施工与挂索交替进行直至合龙。

图4-77　海黄大桥悬臂施工

斜拉桥悬臂施工采用悬臂浇筑法时可采用常规挂篮施工,也可充分利用拉索,配合牵索式挂篮(也称为前支点挂篮)施工。这种挂篮的特点是,在浇筑梁段之前,将位于这一梁段内的拉索预先与挂篮前端相连并张拉,作为挂篮的"前支点"。随着恒载的增加,视情况分次张拉拉索;梁段施工完成后,再将索力从挂篮上转移到梁段上。牵索式挂篮的重量较小,适用于施工阶段对梁的混凝土应力变化要求较严的斜拉桥。

索塔需在梁部施工前完成,塔柱可采用翻模或滑模技术施工,对横梁,则只能在支架上现浇施工。

在施工过程中,拉索的索力和主梁线形需要根据设计要求和实际情况随时进行调整,一般需在全桥合龙后进行最终调整。由于索力对结构体系的内力分布有很大影响,因此施工中应保证其符合设计要求,这就要求对各施工阶段节段的安装或立模高程及索力进行实时监测控制,并根据监控结果对索力及高程进行及时调整,以保证成桥状态满足设计要求。

四、悬索桥施工方法

悬索桥的基本施工步骤是:先修建基础、锚碇、桥塔,然后利用桥塔架设施工便道(称为猫道),利用猫道来架设主缆,随后安装吊索并拼装加劲梁,如图4-78、图4-79所示。

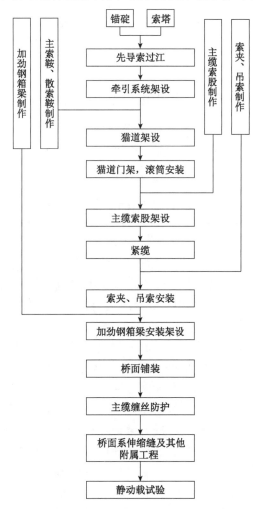

图4-78 悬索桥施工工艺流程图

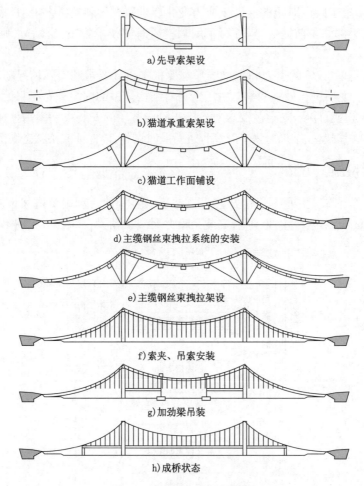

图4-79 悬索桥施工过程示意图

主缆架设主要有空中纺丝法(AS法)和预制平行索股法(PPWS法)。为实现空中架设主缆,必须设置猫道和送丝设备。猫道一般设两条,宽度3m左右,分设在两根主缆之下,由悬吊在塔和塔、塔和锚之间的几根平行承重绳加上铺面层组成,以便于主缆作业(包括送丝、调丝、调股、紧缆、装索夹、缠丝等工序)。面层多用镀锌钢丝网(但横梁及栏柱时常还用有防火涂料的木材),其自重较轻,所受到的风的静压较小,且对防火也更有利。为使主缆各钢丝受力均匀,必须对钢丝长度和丝股长度分别进行调整,称为调丝和调股。调丝的目的是使同一丝股内的各丝长度相等,而调股是为了使每根丝股的计算长度符合设计要求。

为使主缆有妥善的防护,还应及时进行紧缆和缠丝等工序。紧缆是指在主缆各丝股全部落位之后,立即用紧缆机将主缆截面挤压成圆形。紧缆机能沿主缆移动。继压紧之后,为避免丝股松散,要立即用钢丝或扁钢每隔0.7~0.9m捆扎一道。随后,就可以安装索夹和吊索。主缆会因其拉应力的增加而使横截面收缩,为了将主缆缠紧,应当在恒载大部分已作用于主缆之后,再进行缠丝。缠丝是指用缠丝机将软钢丝紧紧缠在主缆之外。

缠丝之前,应清洗主缆表面,并涂防锈材料(常用锌粉膏等)。

第五节 桥梁的管理与养护

桥梁在运营过程中,可能会出现各种类型的病害,影响结构的正常使用性能,严重的病害甚至危及桥梁结构的安全性。因此,需要对桥梁进行定期的检查、检测及技术状况评定,并根据评定结果采取相应的养护维修或加固措施,以保证桥梁结构经常处于良好的技术状态,保证行车安全、畅通。

本节首先介绍桥梁的常见病害,然后介绍桥梁的检查、监测与评定工作,最后介绍桥梁的养护维修与加固方法。

一、桥梁常见病害

桥梁在运营过程中,其上部结构、下部结构、支座及附属设施均有可能发生各种各样的病害,下面简要介绍桥梁各部位的常见病害。

1. 上部结构主要病害

混凝土梁桥上部结构常见病害表现为开裂、单板受力、混凝土破损等,病害的形成与构造设计、施工质量、受力特点密切相关。由受力引起的钢筋混凝土简支梁常见裂缝如图4-80所示。

图 4-80 钢筋混凝土简支梁常见裂缝

钢结构桥梁上部结构常见病害主要有钢结构锈蚀(图4-81)及脆性断裂(图4-82)。

图 4-81 横梁锈蚀

图 4-82 钢主梁脆性断裂

2. 下部结构主要病害

天然浅基础因埋置深度不足,受洪水冲刷而淘空或悬空。在荷载作用下,基础产生滑移或倾斜,严重的甚至造成墩台开裂。桩基础接桩面距自然地面太浅,洪水冲刷后,桩身裸露,钢筋锈蚀,桩的自由长度加长,致使墩台横向刚度降低,强度及整体稳定性降低,危及桥梁安全,如图4-83所示。实体式墩、台由于基础开裂或沉陷引起竖向裂缝或倾斜,超重荷载引起台背的压力过大,使桥台发生位移产生裂缝。桥台护坡填土压实不够,洪水冲刷后造成局部塌陷,影响桥台稳定,如图4-84所示。

图4-83 桩基础冲刷

图4-84 护坡坍塌

3. 支座主要病害

橡胶支座常见的病害表现形式有支座脱空、橡胶老化开裂、剪切变形过大、钢垫板锈蚀等,如图4-85所示。

a) 支座脱空

b) 橡胶老化开裂

c) 剪切变形过大

d) 钢垫板锈蚀

图4-85 支座常见病害

4. 附属设施主要病害

附属设施主要包括桥面铺装、栏杆或护栏、伸缩装置、排水系统等。

桥面铺装的作用是保护桥面板,防止车轮或履带直接磨耗桥面,保护主梁免受雨水侵蚀,并借以分散车轮的集中荷载。桥面铺装常见的病害有纵向裂缝、横向裂缝、网状裂缝、坑洞、坑槽、磨损、车辙、拥包等。

护栏常见病害有简易护栏断裂与缺损、墙式混凝土防撞护栏竖向开裂等。

伸缩装置是桥梁的薄弱位置,因为微小的不平整就会使它承受较大的冲击作用,因此常常因发生破损(主要表现为接缝处错台而导致桥面破坏和跳车,影响行车平稳性和舒适性)而需要养护、更换。造成伸缩装置普遍破损的原因,除了交通流量增大、重型车辆增多(冲击作用明显增大)外,设计、施工和养护方面的失误也不容忽视。伸缩缝常见病害有伸缩缝堵塞、伸缩缝顶死、伸缩缝锚固区混凝土破损、伸缩装置破损(图4-86)等。

排水系统的常见病害为桥面泄水孔堵塞,出现桥面积水,如图4-87所示。

图4-86 伸缩装置破损

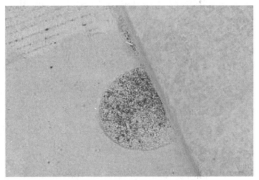

图4-87 泄水孔堵塞

二、桥梁检查、监测与评定

公路桥梁的检查可以分为初始检查、日常巡查、经常检查、定期检查和特殊检查。桥梁的初始检查是指新建或改建桥梁交付使用后,对桥梁结构及其附属构件的技术状况进行的首次全面检测,其成果是后期桥梁检查和评定工作的基准。桥梁的日常巡查是指对桥面及其以上部分的桥梁构件、结构异常变位和桥梁安全保护区的日常巡视和目测检查。桥梁的经常检查是指抵近桥涵结构,采用目测结合辅助工具对桥面系、上部结构、下部结构和附属设施表观状况进行的周期性检查。桥梁的定期检查是对桥涵总体技术状况进行的周期性检查及技术状况评定。桥梁的特殊检查是对桥梁承载能力、抗灾能力、耐久性能、水中基础技术状况进行的一项或多项检查与评定,以及对定期检查中难以判明病害成因及程度的桥梁进行的检查。

桥梁结构监测是指运用各种现代化监测技术,对桥梁结构的全生命期的运营环境、荷载输入、结构力学状态指标及响应参数进行实时、连续监测。并以一定的策略和技术手段对监测数据进行存储、分析,进而对桥梁整体运营状况进行判断、指导桥梁的管养决策。

桥梁评定是对桥梁的使用价值、承载能力进行的综合评价。通过桥梁评定,可鉴定桥梁是否仍具有原设计或重新设定的工作性能及承载能力,进而为桥梁的养护维修、改造、加固提供决策基础。

三、桥梁养护维修与加固

桥梁养护分为预防养护和修复养护。一般情况下,修复养护指哪里坏修哪里,没有周期性和计划性,缺乏全局意识,维修资金投入量大,且修补不及时将造成更大程度的损坏。

我国《公路养护工程管理办法》中将预防养护定义为"公路整体性能良好但有轻微病害,为延缓性能过快衰减、延长使用寿命而预先采取的主动防护工程"。美国国家公路与运输协会对桥梁预防养护的定义为"在桥梁寿命期内,为了保证桥梁状况良好、延长桥梁寿命并将寿命周期内养护成本降到最低,而应用一系列的预防性养护措施的系统过程。并且,在不增设建成公路系统及其附属设施的条件下,达到延缓桥梁状况退化、保持或改进系统功能性状况的目的"。

与修复养护相比,预防养护可以运用现代先进的检测手段和评价技术,发现并及时弥补桥梁及其附属设施的先天不足和使用缺陷,在适当的时机采取相应的养护措施,延长桥梁及附属设施的使用寿命,降低运营管理成本;减少或杜绝由于桥梁及设施维护不当给使用者带来的意外损伤,产生更大的经济效益和社会效益。因此,为了延缓、避免桥梁病害的发生、发展,保证其服役可靠性、安全性,延长其使用寿命,降低全寿命维修费用,采取合理、及时的预防性养护措施具有重要意义。

当桥梁结构物无法满足承载能力、通行能力(如荷载标准提高、原结构严重损伤从而使承载能力降低、桥面过窄妨碍车辆畅通)、防洪等要求时,则需对桥梁结构进行加固或改建。因此,在桥梁的使用过程中,将进行两方面的工作,其一是日常的养护维修,其二是针对桥梁在运营过程中实际存在的问题与新的使用要求,进行必要加固或改造。

《公路桥涵养护规范》(JTG 5120—2021)规定,公路桥涵养护应遵循"防治结合、科学养护、安全运行、保障畅通"的原则,并应符合下列要求:

(1)保障结构完好、外观整洁和附属设施齐全完好。
(2)配备必要的检测和养护设备、设施。
(3)积极稳妥地采用先进的检查设备、养护技术和科学的管理方法。
(4)及时掌握桥涵技术状况的变化,并采取相应的养护对策。
(5)有效开展预防养护,保障结构耐久性。
(6)确保养护作业安全,降低对交通的影响。
(7)重视资源节约和环境保护。

桥梁加固的含义为:当桥涵构造物局部损坏或承载能力不足时,对桥涵构造物所进行的修复补强工程措施。通过改善结构性能,恢复和提高桥梁结构的安全度,提高其承载能力和通过能力,以延长桥梁的使用寿命,使整个桥梁结构可满足规定的承载力要求,并满足规定的使用功能需求。有时,加固补强和桥梁拓宽、抬高等技术改造工程同时进行,以满足并适应交通运输的发展要求。

桥梁加固改造是一项十分重要而又极具专业性的工作,要求将专业基础理论与桥梁病害有机结合在一起,需要考虑的因素涉及方方面面。从某种意义上讲,无论是加固改造方案的拟订与设计计算,还是加固改造的具体实施,其难度往往比新建桥梁还大。桥梁加固改造主要有以下几类方法:

1. 加固补强薄弱构件

对于有严重缺陷或因通行重型车辆而不能满足承载能力要求的薄弱构件,可以采用新的材料(钢筋、钢板、混凝土、复合材料等),增大构件的截面尺寸,增设外部预应力钢筋或用化学粘贴剂、粘贴补强材料等补强措施进行加固补强(图4-88、图4-89),这种方法实际上是通过增加刚度或增加受力材料数量来提高原构件的承载能力。

图4-88 粘贴钢板加固

图4-89 粘贴碳纤加固

2. 增设辅助构件

在原结构基础上增加新的受力构件,如在多梁式梁桥中为增强横向联系而增设端横梁、中横梁;又如桩基承载力不足时,增设扁担桩、增设扩大承台等。

3. 改变结构体系

不同的结构体系其受力性能不同,通过结构体系的转换来改变原有结构的受力状况,人为地改善原结构受力整体性能,以达到改善和提高桥梁承受荷载能力的目的。例如将有推力体系的拱桥改变成无推力体系的拱桥以改善拱圈、拱脚及拱顶截面的受力状态;又如将原有的多孔简支梁桥通过一定的构造措施改变为连续梁桥,利用连续体系来改善原有简支梁跨中部分的受弯等。结构体系的转变一般都能起到较好的加固补强效果,但随着体系的改变,所形成的新体系中,某些构件或截面的受力需按新体系进行认真的检算,并采取相应的措施。

4. 更换构件

桥梁局部构件有严重缺陷而不易修复时,也可采用新的构件替换原有结构。如斜拉桥的拉索锈蚀损坏时,可用新的拉索来替换;当桥梁支座失去功效而不能满足主梁变形受力要求时,可将主梁顶起更换支座;又如少筋微弯板梁桥的微弯板,破损后不易修复,也可考虑更换;再如双曲拱桥的拱波、刚架拱桥的桥面板等。

5. 桥梁加宽

当桥梁宽度不足影响到桥梁通行能力时,桥梁就需要加宽。加宽一般和提高荷载等级、改善桥面线形等同时进行。

6. 墩台基础处治

在对桥梁上部结构进行补强加固以提高其承载能力的同时,对桥梁下部结构及基础是否需采取补强措施也应认真研究。如果原桥下部结构及基础具有足够的潜力,足以满足上部结构补强加固所增加的桥梁自重以及活荷载对它的要求时,则可不再采取补强措施。

如果墩台基础的承载能力不足,或者上部结构缺陷、承载能力的降低等是由于桥台与基础的位移或缺陷等原因引起的,则应对原桥墩台基础进行必要的补强加固。常用的方法较多,如基础灌浆、加钢筋混凝土桩、扩大承台,基础及台后打粉喷桩,基础周围抛置片石、块石(常置于钢筋笼内,主要用于防冲刷)等。

7. 桥台加固

当桥台本身因其强度刚度不足,可能发生较大的位移时,可采用的方法很多,如对桥台进行顶推,改变桥台结构形式,对台身进行局部补强等。

8. 桥墩加固

桥墩的加固补强技术,一般通过对桥墩结构的补强、限制或减小墩顶的位移、增加墩身承载能力(如改变墩身结构形式、增加墩身截面面积)等途径进行。

第六节 桥梁工程展望

目前,新一轮科技革命和产业转型正在兴起,全球科技创新呈现出智能化、信息化的新发展趋势。新一代信息技术正在改变人类的生活方式,并给传统产业带来了革命性的变化。桥梁建设和养护技术是材料、设备制造、信息、节能和环保等产业发展的重要载体。在新科技革命和产业转型的浪潮中,实现桥梁建设和养护技术与新一代信息技术的全面融合,促进桥梁产业的全面转型升级,成为"第三代桥梁工程"的重要内涵。"第三代桥梁工程"的主要发展方向为"智能桥梁"(Intelligent Bridge)。"智能桥梁"的发展战略与国家战略定位和产业痛点高度契合,代表了桥梁工程的发展方向。

与传统桥梁相比,"智能桥梁"具有三个基本特征——产业化、信息化和智能化。其中,产业化为桥梁建设和养护提供了完整的产业体系,实现了桥梁设计、建造和管养全过程的管理标准化;信息化为桥梁建设和养护全过程构建信息通道,实现了桥梁全寿命期的信息标准化和数字化;智能化为桥梁建设和养护全过程建立智能决策系统,从而减少对人力的依赖,并实现无人值守的桥梁建设和养护模式。

"智能桥梁"技术是在桥梁建设和养护技术充分发展的基础上,融合大数据、云计算、物联网、虚拟现实和人工智能等先进技术所形成的新一代桥梁建设和养护技术。"智能桥梁"技术能够实现桥梁工程全寿命周期的风险感知、快速响应和智能管理。而且,在包括勘察、设计、制造、施工、运营和养护在内的整个桥梁工程寿命周期内,"智能桥梁"技术能够从根本上促进科技创新、管理模式创新和企业间协同管理创新。"智能桥梁"以智能化技术为起点,因此,"智能桥梁"的建造将促进基础桥梁研究、信息监管、智能决策和寿命期信息共享技术的发展,以及促进人员培训、技术交流和产业化示范。

"智能桥梁"的发展涉及各种维度。"智能桥梁"不是简单的"智能化技术+传统桥梁建设和养护技术",而是涉及在智能化技术指导下重组产业结构。需要桥梁、材料、设备和信息等领域多个产业群协同发展,推动合作领域、合作模式和合作机制的变革。

目前,共享和协同已成为一种发展趋势,这一趋势已逐渐形成一种社会共识,并成为解决以往问题和新需求的一种方式。"共享"概念可作为"智能桥梁"发展中多产业创新资源整合的共同价值基础。因此,共享有助于解决现有科技体系中的低水平重复、资源分散、产业链未完全成形、成果转化不足和多产业合作困难等产业痛点。

改革开放40多年来,中国桥梁工程已走出了一条自主建设和创新发展的成功道路,取得了一批自主创新成果,建成了一大批具有国际影响力的桥梁。而且,中国培养了一批桥梁工程领军人物和技术专家,在世界上荣获了许多大奖,赢得了国际桥梁界的尊重和认可。这些成就为中国未来发展成为世界桥梁强国奠定了坚实的基础。然而,与发达国家相比,中国桥梁产业在设计、制造、施工和养护等关键技术及装备相关领域还存在一定的差距。

中国桥梁工程目前面临巨大的战略机遇、政策相关机遇和技术机遇,在未来10~20年,中国桥梁工程产业将步入创新、转型和升级的重要战略机遇期。为完成支撑国家重大发展战略、确保大型桥梁的安全和使用寿命以及实现桥梁强国梦的三大历史任务,必须解决制约中国桥梁发展的主要问题和不足,进一步提升中国桥梁技术创新能力和水平,打造适应中国桥梁可持续发展的技术体系和产业链。未来中国桥梁技术应坚持可持续发展方向,重点集中于建设新技术、新结构与高性能材料、监测检测评估与管养技术、信息化技术、标准规范等主要方面,推动我国桥梁技术的快速健康发展,更好地支撑国家重大发展战略、保障庞大桥梁安全长寿,争取早日实现桥梁强国梦。

本章参考文献

[1] 项海帆.中国桥梁史纲[M].上海:同济大学出版社,2013.
[2] 戴公连,宋旭明.漫话桥梁[M].北京:中国铁道出版社,2009.
[3] 万明坤,项海帆,秦顺全,等.桥梁漫笔[M].北京:中国铁道出版社,2015.
[4] 茅以升.中国古桥技术史[M].北京:北京出版社,1986.
[5] 茅以升.桥梁史话[M].北京:北京出版社,2012.
[6] 邓文中.桥梁话语[M].北京:人民交通出版社股份有限公司,2014.
[7] 莱昂哈特.桥梁建筑艺术与造型[M].徐兴玉,高言洁,姜维龙,译.北京:人民交通出版社,1988.
[8] 伊藤学.桥梁造型[M].刘建新,和丕壮,译.北京:人民交通出版社,1998.
[9] 伊藤学,川田忠树,等.超长大桥梁建设的序幕——技术者的新挑战[M].刘建新,和丕壮,译.北京:人民交通出版社,2002.
[10] 唐寰澄.世界著名海峡交通工程[M].北京:中国铁道出版社,2004.
[11] 唐寰澄.世界桥梁趣谈[M].北京:北京出版社,2016.
[12] 唐寰澄,唐浩.中国桥梁技术史 第一卷 古代篇(上)[M].北京:北京交通大学出版社,2018.
[13] 唐寰澄,唐浩.中国桥梁技术史 第二卷 古代篇(下)[M].北京:北京交通大学出版社,2018.
[14] 范立础.桥梁工程(上册)[M].北京:人民交通出版社,2013.
[15] 顾安邦,向中富.桥梁工程(下册)[M].北京:人民交通出版社股份有限公司,2017.
[16] 周绪红,刘永健.钢桥[M].北京:人民交通出版社股份有限公司,2020.
[17] 强士中.桥梁工程(上、下册)[M].北京:高等教育出版社,2011.
[18] 姚玲森.桥梁工程[M].北京:人民交通出版社,1990.
[19] 李亚东.桥梁工程概论[M].成都:西南交通大学出版社,2014.
[20] 项海帆.桥梁概念设计[M].北京:人民交通出版社,2013.
[21] 魏红一.桥梁施工及组织管理[M].北京:人民交通出版社,2008.
[22] 杨文渊,徐犇.桥梁维修与加固[M].北京:人民交通出版社,2002.
[23] 宋波,张举兵.图说桥梁病害与外观检查[M].北京:人民交通出版社,2007.

第五章

隧道工程

隧道通常指用作地下通道的工程建筑物。其基本特征是：具有特定的使用功能，供车辆、行人、水流以及管线等通过；长度大于断面尺寸，并具有一定的断面形状。1970年OECD(经济合作与发展组织)隧道会议从技术方面给出定义：以任何方式修建，最终使用于地表以下的条形建筑物，其空洞内部净空断面在$2m^2$以上者均为隧道。

隧道工程是土木工程的一个分支，指研究各种隧道的规划、勘察、设计、施工与养护的一门应用科学和工程技术。

本章主要介绍了隧道的历史与现状、隧道的分类与特点、公路隧道勘察设计、隧道施工方法、公路隧道运营与管理以及对隧道及地下工程的前景进行展望。

第一节 隧道的历史与现状

一、隧道的历史起源

从远古人类居住的洞穴到现代长达18.02km的秦岭终南山特长公路隧道，隧道工程伴随人类文明经过了漫长的发展。

人类很早就知道利用自然洞穴(图5-1)作为住所。当人类社会发展到能制造挖掘工具时，就出现了人工挖掘的隧道。虽然准确的年代无从查考，但当时人类修建自然洞穴主要是用于抵抗自然威胁。

我国最早有文字记载的地下人工建筑物出现在东周初期(约公元前770年)。《左传》中有"……阙(同掘)地及泉，隧而相见……"的记载[郑庄公掘地见母的故事

(图5-2)]。最早用于交通的隧道为石门隧道(图5-3),位于今陕西省汉中市褒谷口内,建于东汉明帝永平九年(公元66年)。此外用作地下通道的还有安徽亳州城内的古地下通道(图5-4),建于宋末元初(约13世纪),是我国最早的城市地下通道。那么石门隧道是怎样挖掘出来的呢? 据《褒斜古集略》记载,梁清宽和贾汉复《栈道歌》中有"积薪一炬石为圻,锤凿即加如削腐"的诗句,意为用火烧裂石头,然后以锤击落。由此可见古时挖掘岩石的方法大约有火烧、水(或醋)激、锤击等。火焚水淬是我国历史上经常采用的一种方法,这种方法早在秦昭王时期蜀守李冰在四川大修水利时就曾采用。

图5-1 古自然洞穴

图5-2 掘地见母

图5-3 石门隧道(仿建)

图5-4 亳州古地下通道

《三国演义》第30回中,审配向袁绍献计,让袁军用铁锹暗打地道,直通曹营,称为"掘子军"。此时曹操问计于刘晔,采用"可绕营掘长堑"的意见,连夜让士兵挖沟堑,袁军的地道挖到曹军的沟堑边时,无法攻入,从而粉碎了袁军的地道攻城计策。由此可见,隧道在古代也运用于军事方面。

与万里长城、京杭大运河并称为中国古代三大工程的"坎儿井"(图5-5),是远古水利隧道流传至今的代表之一,在我国西北、华北均有分布,其中吐鲁番的坎儿井总数达1100多条,全长约5000km。其构造原理是从水源挖掘水平坑道,把水引导到地表,用来灌溉农田。在其他人类文明的发源地有很多著名的古隧道,如公元前2180—公元前2160年,在古巴比伦城幼发拉底河下面修筑的人行隧道,是迄今已知的最早用于交通的隧道,为砖砌构造物。古代最大的隧道建筑物可能是那不勒斯与普佐利(今意大利境内)之间的婆西里勃隧道,完成于公元前36年,至今仍可使用。它是在凝灰岩中凿成的垂直边墙无衬砌隧道。多数古隧道之所以修建在坚硬的岩层中,是为了免去隧道衬砌。

图 5-5 坎儿井隧道

在火药出现之前,挖凿隧道的主要工具是锤、钎、楔等原始工具。后来人们知道利用岩石的物理特性后,开始使用"淬火"法剥裂岩石,使岩石易于开挖。我国隋末唐初(约公元7世纪)的孙思邈在《丹经》一书中记载了黑火药的制法,公元1225年以后传入伊斯兰国家,13世纪后期传到欧洲,17世纪初(1627年)奥地利的工业家首次把它用于开矿。1866年瑞典人诺贝尔发明黄色炸药达纳马特,为开凿坚硬岩石创造了条件,并广泛应用于隧道工程。

近代隧道兴起于运河时代,从17世纪起,欧洲陆续修建了许多运河隧道。譬如法国的兰葵达克(Languedoc)运河隧道,建于1666—1681年,长157m,它可能是最早用火药开凿的隧道。1830年前后,铁路成为新的运输手段。随着铁路运输事业的发展,隧道也越来越多。1895—1906年已出现了长19.73km穿越阿尔卑斯山脉的铁路隧道;目前最长的铁路隧道是瑞士的戈特哈德隧道(Gotthard Base Tunnel),已达57km。较为完善的水底道路隧道建于1927年,为位于美国纽约哈德逊河底的荷兰隧道(Holland Tunnel)。现在世界上最长的公路隧道是挪威的拉达尔隧道(Laerdal Tunnel),长度达24.5km。

我国最早建成的铁路隧道为狮球岭隧道(图5-6),位于台湾省基隆经台北至新竹窄轨竹铁路的基隆与七堵之间,全长261m。这座隧道通过页岩、砂岩及黏土地层,最大埋深61m。在地层压力较大处,拱部用砖作衬砌,边墙用石料作衬砌;在岩层较好处,则用木料作衬砌。该隧道于1887年从南北两端同时开工,由外国工程师定出线路方向及中心桩的开挖高度,由清朝政府的军队负责施工。筑路官兵用粗笨工具开挖,克服了大塌方等不少困难,终于在1890年建成。现在的狮球岭隧道已成为台湾省基隆的旅游景点,游人来此瞻仰,缅怀先人们的丰功伟绩。

我国第一条自行设计和修建的隧道是八达岭隧道,如图 5-7 所示。位于北京市延庆县(现称"延庆区")京包铁路北京至张家口段(原京张铁路)的青龙桥车站附近,全长 1091.2m。八达岭隧道是由我国著名土木工程师詹天佑于 1907—1908 年亲自规划督造的。

图 5-6　狮球岭隧道

图 5-7　八达岭隧道

我国公路隧道在 20 世纪 50 年代仅有 30 多条,总长约 2500m,且单洞长度均较短,虽然 20 世纪 60—70 年代干线公路上修建了一些超过百米的隧道,但主要用于低等级公路穿山越岭,其中不乏打浦路水下隧道(2.761km)(图 5-8)和挂壁公路郭亮隧道(1.25km)(图 5-9)等亮点工程。

图 5-8　打浦路水下隧道

图 5-9　郭亮隧道

隧道工程施工条件是极其恶劣的,尽管各种地下工程专用机械越来越多,在新奥法理论指导下施工方法得到了根本性的改变,但体力劳动强度和施工难度仍然很高。历史上为了减轻劳动强度,人们曾做过不懈的努力。在古代一直使用"火焚法"和铁锤钢钎等原始工具进行开挖,直到 19 世纪才开始钻爆作业,至今有 100 多年的历史。在此期间发明了凿岩机,经过近一个世纪的努力,不断改进发明了高效率大型多臂钻机,使工人们能从繁重的体力劳动中解放出来。与钻爆开挖法完全不同的还有两种机械开挖法,一种是用于开挖软土地层的盾构机,发明于 1818 年。经过近两个世纪的不断改进,已经从手工开挖式盾构,发展到半机械化乃至全机械化盾构,能广泛用于各种复杂的软土地层的掘进。另一种是用于中等以上坚硬岩石地层的岩石隧道掘进机。首次掘进成功的隧道掘进机,诞生于1881—1883年,到现在已有一个多世纪。目前,已经发展成大断面(直径10m以上)的带有激光导向和随机支护装置的先进的掘进机,机械化程度大大提高,加上辅助的通风除尘装置,使工作环境得到了很大改善。目前应用高压水的射流破岩技术已经过关,它能以很快的速度在花岗岩中打出炮眼,再在坑道周围用高压水切槽,然后爆破破岩。其特点是减少开挖,可以开凿出任何断面形状的坑道,保护围岩,降低支护成本,并能增加自由面以减少炮眼数和降低炸药消耗量;但消耗功率较大,设备成本较高,技术上还未达到十分成熟的程度。

地层压力的研究开始于14世纪。此后随着采矿和隧道工程的发展,地层压力理论也有相应发展。这种研究基本上沿着两个方向进行,一个是把地层视为松散构造的散粒体理论;另一种是把地层视为连续弹性体的弹塑性理论。近百年来,虽然从理论上和工程实际中对地层压力进行了极为广泛的研究,获得了不少成果,但仍未得到系统、圆满、严密的理论,直到今天仍在不断进行着新的探索。

20世纪初,普氏(Протдъяконов)以均质松散体为基础,提出了地层压力的计算方法,但他把岩石假定为松散体,并把复杂的岩体之间的联系用一个似摩擦系数描述,这种做法显然过于粗糙,在工程中常常出现失败的情况。不过,直到现在普氏理论还在应用着,因为这个方法比较简单,即使对于不熟悉地质或不了解现场地质条件的人,也能运用普氏系数来进行设计。

我国著名学者陈宗基教授,在1958年首次把岩石力学作为一门边缘科学来发展。一改过去基本上是把岩石作为材料进行研究的局面。他强调必须用力学的观点,以地质为基础来解决工程实际问题。在研究中,既要重视岩石的变形特性、结构关系的理论研究,又要解决工程实践提出的各种问题,并指出现场试验与室内试验是相辅相成和不可分割的,强调问题的关键在于要有正确的概念。他最先引用流变理论研究岩石的流变特性,指出即使在坚硬岩石中修建地下洞室,也要考虑流变对长期稳定的影响。还从板块运动、地应力的产生,分析了对高地应力地区工程建设的影响,并且运用封闭地应力的概念了解工程中的各种特殊现象,如岩爆等。此外,还从微观结构分析了膨胀岩的破坏机制等。所有这些都给地下工程的研究、设计和施工以巨大的推动作用。

新奥法是在20世纪40年代开始发展起来的,至今非常流行,尤其是在我国。它是以混凝土和锚杆为主要支护手段的一种方法。这种方法把坑道的支护和衬砌与围岩看作是相互作用的一个整体,既发挥围岩的自稳能力,又使支护起到加固围岩的作用。在确保坑道稳定的基础上,使设计更加合理、经济。目前这种方法还处于经验设计阶段,需要在实施过程中根据现场量测的数据加以修正。新奥法与传统的矿山法相比,更能充分利用地层地质条件。随着理论上的日臻完善,新奥法将会在地下工程中得到更加广泛的应用。

二、隧道的发展现状

1. 城市地铁（Subway）

我国地铁建设事业起步较晚。改革开放以来，随着国民经济的不断发展，我国的城市化进程也在逐步加快。伴随着我国城市现代化、工业化进程，地铁这种动力大、不占用地面空间的交通运输设施，正在大中城市建设中悄然兴起，并成为解决城市交通拥堵问题的最佳选择（图 5-10）。早在 20 世纪 80 年代中期，我国就推出在百万人口以上的大城市中逐步发展地铁交通的政策。随后在 80 年代末，国家制定的产业政策再次明确其在基本建设中的重要地位。

图 5-10　城市地铁

截至 2022 年底，我国已经拥有地铁的城市（不含港、澳、台地区）分别是北京、天津、上海、广州、深圳、南京、沈阳、成都、佛山、重庆、西安、苏州、昆明、杭州、武汉、哈尔滨、郑州、长沙、宁波、无锡、大连、青岛、南昌、福州、东莞、南宁、合肥、石家庄、长春、贵阳、厦门、乌鲁木齐、济南、兰州、常州、徐州、呼和浩特、太原、洛阳、绍兴、温州、芜湖、南通，总运营里程超过 9400km。其中，上海地铁里程达到 825km，位于中国内地第一名，也是世界第一位。

2. 综合管廊（Utility Tunnel）

综合管廊，是指建于地下用于容纳 2 种及 2 种以上包括电力、通信、供水排水、热力、燃气等工程管线的构筑物及附属设施，以暗装、浅埋、深埋隧道的形式建造，允许安装、维护、拆除的地下设施系统（图 5-11、图 5-12）。

我国于 1958 年在北京天安门广场下铺设了第一条综合管廊，而真正的建设起步时间始于 1994 年开发上海浦东新区时在张杨路修建的全长 11.2km 的地下管廊。从 2014 年开始，我国陆续发布相关法律法规以推进综合管廊的发展，2015 年发布的《关于推进城市地下综合管廊建设的指导意见》，对全面推动综合管廊建设提出了目标和要求。由于政府部门的强力推动，鼓励和提倡社会资本参与到城市基础设施特别是综合管廊的建设上来,我国的综合管廊建设开始呈现蓬勃发展的趋势,大大拉动了国民经济的发展。从建设规模和建设水平来看,我国已经超越欧美发达国家成为综合管廊的超级大国。

图 5-11　城市地下综合管廊系统　　　　图 5-12　充分利用的地下空间

3. 铁路隧道(Railway Tunnel)

1999—2022 年,中国铁路隧道数量和总长度逐年增长,且建设速度加快。截至 2022 年,中国铁路隧道共 17873 座,总长共计 21978km。随着我国铁路隧道的不断建设发展,较考验技术的特长铁路隧道也逐渐增多;截至 2022 年,中国已投入运营的特长铁路隧道共 259 座,总长约 3498km。到 2022 年我国铁路隧道增长情况见图 5-13。

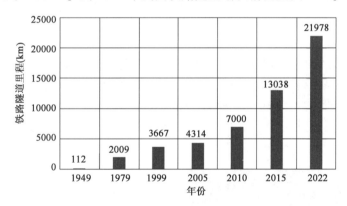

图 5-13　我国铁路隧道增长图

随着中国经济的发展,西部地区铁路建设规模逐年加大,高海拔、高烈度地震区、大埋深超长铁路隧道将越来越多,隧道建设可能面临硬岩岩爆、软岩大变形、高地温、活动断裂、超高压富水断裂等不良地质问题,行业技术发展有待进一步突破。

4. 公路隧道(Highway Tunnel)

进入 21 世纪以来,中国公路隧道里程年均增长率高达 20%,且有逐年加快的趋势,仅前十年公路隧道年均建设里程就高达 555km,隧道建设与营运技术得到了长足发展。

我国(不含港、澳、台地区)特长公路隧道名称、长度、所在地区、车道数以及通风方式如表 5-1 所示(不完全统计)。

我国(不含港、澳、台地区)特长公路隧道(不完全统计)表　　表 5-1

隧 道 名 称	长度(m)	地区	车道数	通 风 方 式
天山胜利隧道(建设中)	22105	新疆	2×2	4 竖井分段纵向式
秦岭终南山隧道	18020	陕西	2×2	3 竖井分段纵向式
高楼山隧道	12334	甘肃	2×2	2 斜井分段纵向式
大坪里隧道	12290	甘肃	2×2	4 竖井分段纵向式
东天山隧道	11775	新疆	2×2	2 斜井分段纵向式
包家山隧道	11200	陕西	2×2	1 竖井+2 斜井分段纵向式
太湖隧道	10790	江苏	2×3	1 中间风井+2 近岸风亭分段纵向式
桐梓隧道	10497	贵州	2×3	2 斜井分段纵向式
大万山隧道	10490	山西	2×2	2 斜井分段纵向式
宝塔山隧道	10479	山西	2×2	3 斜井送排纵向式

秦岭终南山隧道(图 5-14)是国家高速公路网包头至茂名线控制性工程,也是陕西"三纵四横五辐射"公路网西安至安康高速公路重要组成部分。秦岭终南山隧道单洞长 18.02km,双洞共长 36.04km,长度为世界建成公路隧道中第三位,中国公路隧道之最(截至 2021 年底)。

厦门翔安隧道(图 5-15)是厦门市本岛第六条进出岛公路通道,连接厦门市本岛和大陆架翔安区。它是一项规模宏大的跨海工程,工程全长 8.695km,其中海底隧道长 6.05km,跨越海域宽约 4.2km,采用钻爆法暗挖方案施工。它是中国大陆第一座大断面的海底隧道,也是由我国完全自主设计、施工,对我国隧道建设技术的进步和发展,缩小与世界先进水平的差距,起到了里程碑式的作用。

图 5-14　秦岭终南山隧道

图 5-15　厦门翔安隧道

第二节　隧道的分类与特点

一、隧道的分类

隧道包括的范围很广,从不同的角度区分有不同的分类方法。按照所处的地质条件不同,可分为岩石隧道(Rock Tunnel)、土质隧道(Earth Tunnel);按照隧道的地理位置不同,可分为山岭隧道(Mountain Tunnel)、水底隧道(Underwater Tunnel)和城市隧道(Urban Tunnel);按照施工方法不同,可分为明挖隧道(Open-cut Tunnel,包括挖筑法、连续墙法等)、暗挖隧道(Underground Tunnel,包括传统矿山法、新奥法、盾构法、顶推法等);按照埋置深度不同,可分为深埋隧道(Deep Tunnel)、浅埋隧道(Shallow Tunnel);按照长度不同,可分为特长隧道(Extra-long Tunnel)、长隧道(Long Tunnel)、中隧道(Medium Tunnel)和短隧道(Short Tunnels);按照断面面积不同,可分为特大断面、大断面、中等断面、小断面、极小断面;按照车道数不同,可分为单车道隧道(Single Lane Tunnel)、两车道隧道(Two Lane Tunnel)、多车道隧道(Multi Lane Tunnel);按照用途不同,可分为交通隧道(Traffic Tunnel)、水工隧道(Hydraulic Tunnel)、市政隧道(Municipal Tunnel)、矿山隧道(Mine Tunnel)等。现将按照用途不同分类的隧道介绍如下:

1. 交通隧道

交通隧道是隧道中应用最为广泛的一种,其作用是提供运输通道,以满足交通路线畅通的要求。进一步还可以分为以下几种:

(1)铁路隧道是指专供火车运输行驶的隧道(图5-16)。我国山地、丘陵、高原等山区面积约占全国面积的2/3。铁路穿越这些地区时,由于坡度和弯道半径的限制,需要修建隧道以克服高程或平面障碍。在沿着河谷修建铁路时,常修建隧道使线路从山体通过。隧道既可使线形顺直、里程缩短,又可以减小坡度,还可避开各种不良地质区域,从而提高牵引定数,使运营条件得以改善。

图5-16　铁路隧道

(2) 公路隧道是指专供汽车运输行驶的隧道(图 5-17)。公路的限制坡度和最小曲线半径要求都不如铁路严格。过去在山区修建公路,为降低造价常常不愿修建费用昂贵的隧道,而多以绕行通过,因此过去公路隧道为数不多。但是高速公路要求线路顺直、平缓、路面宽敞,于是在穿越山区时,也常采用隧道方案。此外,在城市附近,为避免平面交叉,利于高速行车,也常采用隧道方式通过。

图 5-17　公路隧道

(3) 水底隧道是指修建于江、河、湖、海底下的交通隧道(图 5-18)。当交通线需要横跨河道时,一般可以架桥或轮渡通过,但是河道通航需要较高的净空,桥梁两端的引道需占用宝贵的城市用地或修建结构复杂的长引桥,若采用水底隧道,既不影响河道通航,也避免了风暴天气轮渡中断的情况。

图 5-18　水底隧道

(4) 城市地铁(Subway)是指修建于城市地层中,为解决城市交通问题的有轨运输隧道(图 5-19)。城市地铁是解决大城市交通拥挤、车辆堵塞等问题,并能大量快速运送乘客的一种城市交通设施。

(5) 运河隧道(Canal Tunnel)是指专供船只运输行驶的隧道(图 5-20)。当运河需要越过分水岭时,克服高程障碍成为十分困难的问题,一般需要绕行很长的距离。如果修建运河隧道,把分水岭两边的河道沟通起来,可以缩短航程,航船可迅速而顺直地驶过。

图 5-19　城市地铁

图 5-20　运河隧道

(6)人行隧道(Pedestrian Tunnel)是指专供行人通过的隧道(图 5-21)。城市闹市区行人众多,而且与车辆混行。在横跨十字路口处,即使有指示灯和人行横道线,快速的机动车也不得不频频减速,甚至要停车避让。为了提高交通运送能力以及减少交通事故,除架设街心高架桥以外,也可以修建人行隧道。这样可以缓解地面交通的压力,也大大减少交通事故。

2. 水工隧道

水工隧道是水利工程和水力发电枢纽的一个重要组成部分。按用途又可分为如下几种:

(1)引水隧道(Diversion Tunnel),是将水引入水电站的发电机组或为水资源的调动而修建的隧道。引水隧道有的全部充水因而内壁承压,称为压力隧道;有的只是部分过水因而内部承受大气压力和部分水压,称为无压隧道。

(2)尾水隧道(Tailwater Tunnel),是将水电站发电机组排出的废水送出去而修建的

图 5-21　人行隧道

隧道。

（3）泄洪隧道（Flood-discharge Tunnel），是水利工程中疏导水流并补充溢洪道流量超限后的泄洪而修建的隧道。

（4）排沙隧道（Sand Tunnel），是用来冲刷水库中淤积的泥沙而修建的隧道。其作用是把泥沙裹带送出水库，有时也用来放空水库里的水以进行库身检查或建筑物修理。

3. 市政隧道

市政隧道是为城市中安置各种不同市政设施而修建的地下孔道。在城市规划与建设中，充分利用地下空间，把各种不同市政设施安置在地下，既可不占用地面空间，又不致扰乱高空位置和影响市容。按用途，进一步有如下分类：

（1）给水隧道（Water Supply Tunnel），为城市自来水管网系统修建的隧道。城市自来水管网遍布市区，利用地下孔道来容纳安置这些管道，既不占用地面，也可避免遭受人为的损坏。

（2）污水隧道（Sewer Tunnel），为城市污水排送系统修建的隧道。城市污水需要引入污水处理厂进行集中处理，有时仍有部分污水还要排放到城市以外，这就需要地下的排污隧道。这种隧道可以是本身导流排送；也可以是在孔道中安放排污管，由管道排污。

（3）管路隧道（Pipeline Tunnel），为城市能源供给系统修建的隧道。城市所供煤气、暖气、热水等，一般都是把管路放置在地下的管路隧道，经过防漏及保温处理，把这些能源送到居民家中。

（4）线路隧道（Line Tunnel），为电力通信电缆系统修建的隧道。城市中，输送电力的电缆以及通信电缆都安置在地下孔道中，这样既可以保证不被人们的活动所损伤或破坏，又避免其悬挂高空，有碍市容。这些地下孔道多半沿街道两侧敷设。

在现代化的城市中，倾向于将以上四种具有共性的市政隧道，按照城市的布局和规划，合建成一个共用隧道，称之为"综合管廊"。综合管廊是现代城市基础设施科学管理和规划的标志，也是合理利用城市地下空间的科学手段，是城市市政隧道规划和建设的方向。

(5)人防隧道(Civil Air Defense Tunnel),为战时的防空目的而修建的防空避难隧道。人防工程除应设有给排水、通风、照明和通信设备以外,在洞口处还需设置各种防爆装置,阻止冲击波入侵,同时要做到多口联通、互相贯穿,在紧急时刻可以随时找到出口。

4. 矿山隧道

在矿山开采中,常设一些从山体以外通向地下矿体的隧道,称为矿山隧道,主要包括以下几种巷道:

(1)运输巷道(Haulage Tunnel),是矿车与行人通行的主要巷道。向山体开凿隧道通到矿床,并逐步开辟巷道通往各个开采面。前者称为主巷道,为地下矿区的主要出入口和主要的运输干道;后者分布如枝丫状,分向各个采掘面。

(2)通风巷道(Ventilation Channel),为地下矿区提供新鲜空气而修建的巷道。矿区地层一般会有有害气体溢出,采掘机械也要排出尾气,工作人员呼出废气。因此,为净化巷道空气,创造良好工作环境,必须设置通风巷道,输送新鲜空气,排出有害气体,并能够调节温度。

(3)专用设备、材料巷道。如机车库、炸药库、变电所、水泵房等,这类巷道又称为洞室。

(4)其他巷道,如水仓、联络通道、人行巷道等。

二、公路隧道的特点及其作用

公路隧道和铁路隧道虽然同为路面交通隧道,在建筑结构组成上有许多相似处,但是它们的交通对象是两种截然不同的车辆类型,因此存在着许多差异。公路隧道的交通对象是汽车和行人,铁路隧道的交通对象是列车。汽车的运行方式、运行轨迹以及动力源与列车的是不同的,因此对洞内的交通环境要求也不一样。所以公路隧道与铁路隧道相比,在断面尺寸、断面形状、结构类型、通风、照明、安全监控等方面均有其自身的特殊性。与铁路隧道相比,公路隧道的特点如下:

1. 断面多呈扁坦状、大断面和双孔状

公路隧道的断面要符合公路路幅的设计要求,这使得公路隧道毛洞开挖宽度、高跨比相较其他类型隧道有显著差别,常使得扁坦状、大断面的公路隧道在围岩应力分析、结构计算等方面更为复杂,施工难度大。高等级公路上的隧道均按线路要求设计成分流式,即按车辆行驶方向分流成水平双排洞形,呈眼镜形断面;那些与桥梁相接或因地形限制的隧道,两水平洞净距非常小,呈连拱状双洞形。

2. 设计中要考虑边墙效应

隧道边墙给汽车驾驶员带来唯恐与之相撞的心理影响,使驾驶员不自觉地降低车速或将汽车向隧道中间靠拢,这种现象叫作边墙效应。公路隧道设计中必须充分注意边墙效应的影响,一般行车道两侧设置一定宽度的路缘带、余宽或人行道,以满足侧向净空的需要,把边墙效应降低到最低程度。

3. 运营通风量大、时间长

汽车发动机运转时会排放出废气,污染空气,当污染的空气不能自行从隧道内部消散时,需要借助机械通风加以排出。到目前为止,汽车发动机作为污染源还不能像电气机车那样得到解决,也不能像列车通过隧道时产生有效的活塞效应,将大部分污染空气推出隧道。并且汽车是连续通过隧道,因此,汽车的交通量越大,隧道内的空气污染程度也越高,这是公路隧道通风量大、通风时间长的原因。

4. 需要适应视觉的照明

白天,汽车驶进隧道和驶出隧道时,在驾驶员的眼睛里会产生黑洞和白洞的效应,驾驶员的视觉中要经过暗适应和亮适应两个过程。在此期间,驾驶员因得不到足够的视觉信息而可能出现操作失误,严重影响行车安全。为使驾驶员在隧道中具有良好的视觉功效,公路隧道要提供符合驾驶员视觉生理要求的适应照明。

5. 需要系统的配套设施

公路隧道内一旦发生交通事故或火灾,其后果是严重的。因此,要求运营管理人员及时了解隧道内的交通状态,有效控制指挥行驶车辆,避免发生车辆冲撞;一旦事故和火灾发生,要求运营管理、救援人员以及正在行驶的车辆驾驶员必须作出快速反应,并采取措施及时处理事故。这些要求公路隧道洞内具备监视、信号指挥、报警、消防、自救避难等配套设施。

6. 防水要求高

公路隧道内安装有照明、通风、信控、通信等电器和电路,为保证电器设备安全使用,防止受潮或短路引起火灾,要求洞内无水;另外,洞内路面积水、结冰、长期滴水损坏路面都会严重影响行车安全,也要求洞内无水。因此,公路山岭隧道多采用夹有防水层的复合式衬砌作为洞身结构;沉管法施工的水下隧道采用异型橡胶密封垫防水。铁路隧道随着铁路电气化的实施也在逐步重视隧道防水的提高。

在公路路线中设置公路隧道,能使路线顺利克服由山岭、水域、已有建筑物所造成的地理地形障碍;能在总体上拓宽路线走向的选择;能使路线在整体布置上顺畅、简洁、直达、最短;能提高行车安全和舒适性;降低运输成本和节省运输时间;还能增加运输的隐蔽性,减少受气候、自然灾害的影响。公路隧道的作用具体有:

(1)公路山岭隧道可以直接穿越山体,使山区公路少受山体地形起伏的限制,能采用较大的曲线半径和较缓和的纵坡度设计线路,因此起到改善路线线形的作用。

(2)采用公路越岭隧道替代盘山越岭线,采用公路傍山隧道替代绕山弯道,可起到裁弯取直的作用,因而可缩短路线里程。

(3)公路山岭隧道修筑在山体内部,可避免因劈山开道、高填深挖所引起的滑坡塌方、植被破坏、水土流失等损坏自然环境所造成的后果。

(4)在有落石、坍方、雪崩、雪堆等危害的路段,修建山岭隧道进行老路改造或改建能保证行车安全通畅。

第三节 公路隧道勘察设计

一、隧道勘察内容

1. 隧道勘察方法及目的

公路工程基本建设项目在可行性研究通过之后，一般采用两阶段设计，即初步设计和施工图设计。对于技术简单、方案明确的小型建设项目，可采用一阶段设计，即一阶段施工图设计；对于技术上复杂、基础资料缺乏和不足的建设项目，或建设项目中有特大桥、隧道等，或线路设计有复杂的机电设施等，必要时需要采用三阶段设计，即初步设计、技术设计和施工图设计。隧道勘察阶段的划分应与隧道设计阶段相适应，一般分为可行性研究勘察、初步勘察和详细勘察；对应于三阶段设计中技术设计，增加补充勘察阶段。

隧道勘察的方法主要有收集与研究既有资料、调查与测绘、勘探、试验与长期观测等几种。随着科学技术的进步，越来越多的新技术在隧道勘察工作中得到发展和应用。

隧道勘察的目的在于查明隧道所处位置的工程地质条件和水文地质条件以及隧道施工和运营对环境保护的影响；为规划、设计、施工提供所需的勘察资料，并对存在的岩土工程问题、环境问题进行分析评价，提出合理的设计方案和施工措施建议，从而使隧道工程经济合理和安全可靠。

2. 隧道工程地质勘察

隧道工程地质条件包括岩层性质、地质构造、岩层产状、裂隙发育程度及风化程度、隧道所处深度及其与地形起伏的关系、地层含水程度、地温及有害气体情况、有无不良地质现象及其影响等。因此，隧道工程地质勘察(Geological Survey)工作至关重要。

与公路设计阶段相适应，隧道勘察可分为可行性研究勘察、初步勘察和详细勘察三个阶段。详勘的方法和手段，主要有调绘、物探、坑探、槽探、钻探。地质调绘的范围、测点，物探网的网、线、点的范围和布置，物探方法的运用和坑探、槽探的位置等，应与初勘时未能查明的地质条件或沿隧道轴线方向有复杂的地质问题的地段相适应，以期达到进一步查明和补充校核的目的。

3. 隧道的水文勘察

隧道与地下水的相互影响，主要有两种情况，一是隧道内涌水，这将恶化围岩稳定状态，导致施工困难，增加工程造价；二是隧道施工导致地表枯水，造成工业用水及饮水困难。因此必须进行隧道水文勘察(Hydrological Survey)。

地下水涌水勘察内容：调查地下水的类型及其与地表水的相互补给关系，地下水的动态变化规律；调查地下水的流量、流向及水质；判明含水层、透水层、隔水层的范围及其与隧道的关系和影响程度等。枯水勘察的主要内容：水利资源的利用状况、溪流的流域和流量、泉水、地下水的状态，植被、气象与隧道涌水的关联问题，以往工程的枯水资料等。

4. 隧道建筑环境评价

随着社会的发展，人们的环境意识日益增强，保护环境、改善环境已列入国家法律，因而在隧道设计、施工中必须提高对环境保护的意识，采取相应措施，以满足环境保护的要求。环境评价的目的就是在着手修建该工程以前，要调查本地区的环境现状，不因修建工程给该地区环境保护带来重大的障碍，研究有关对环境影响的内容及其影响程度，提出防止破坏环境的措施等。隧道建筑环境评价主要包含以下项目：①现有的生态环境保护项目；②隧道工程周围环境现状的调查；③预测环境影响；④环境影响的评价；⑤环境保护措施的探讨；⑥环境评价报告。

二、隧道的定位

隧道的定位即给出隧道的具体位置。路线基本走向的选择和总体设计要点，必须满足相关规范的规定。在路线方案中，根据平面、纵断面线形要求，考虑是否需要设置隧道。隧道只是路线中的构造物，中小隧道的定位原则上应服从路线的走向；长大隧道的定位原则上是服从路线基本走向的同时作为路线基本走向的控制点，有时为了选择好的隧道位置需要在合理的范围内先确定隧道的位置。

1. 确定隧道路线的比选

在多个路线方案中，根据地形、地质和其他各种调查资料，进行技术、经济比较后，最后确定一条路线方案。可以先在比例尺为 1：10000～1：25000 的地形图上进行大范围的比较，然后在 1：5000 的地形图上比选确定。如果规划的隧道路线规模和范围较小，可直接在 1：5000 的地形图上比选确定；重要隧道可以考虑在 1：2000 的地形图上选线；对于长大隧道地段应该使用大比例尺地质图。大范围的选线通常可能有几种方案，为了减小工作量和不必要的工作，先对粗选的方案进行主要比较，如线形、行驶条件、路线和隧道长度、经济效益、政治影响、地质条件等方面的粗略比较，把明显的没有进一步比较价值的方案淘汰，最终保留两到三个方案进行进一步的比选。

2. 隧道位置的选择和确定

通过上述隧道路线的比选，隧道的建筑位置初步得到确定，但仍可能会因局部地段的不良地质和洞口条件的影响，隧道轴线需要在小的范围内进行调整。这种调整不应该影响整个路线的变动，而应是更好地利于隧道的施工和运营。

(1) 隧道位置选定应注意的地形条件

线路为穿越分水岭而修建的隧道称为越岭隧道。分水岭中每个垭口的地质条件、山体厚度、陡缓程度以及两侧沟谷的分布情况，与隧道位置的选择关系密切。越岭隧道位置，一般应选在垭口两侧沟谷高程相差不大，沟谷平面形状比较顺直、纵坡较缓、地形开阔，具有良好展线条件的地方，另外对于较长隧道的比选中，除考虑主体工程外，还要注意考虑地形对辅助工程的设置和分散弃渣是否有利,这对增加施工作业面、缩短工期、降低造价、改善营运条件、减少运营管理费用非常重要。

山区道路通常傍山沿河而行,河谷地段受地质构造和水流冲刷等影响,往往河道弯曲、沟谷发育,两岸多台地和陡峭的山坡,并常伴有崩坍、错落、岩堆、滑坡、冲刷等不良地质现象,地形和地质情况均较复杂。沿河线平面位置受地形限制,可移动的幅度不大。通常可以采用裁弯取直的方法,修建傍山隧道。傍山隧道通过沿河傍山地段可使线路向里靠;对于坡度陡峭的大型山嘴,傍山隧道穿越是最佳的选择,它明显优于其他任何工程措施。

当过河线采用水底隧道穿越江河时,应尽量选在河床顺直、河道较窄、河水较浅又无深冲沟的地段。另外,水底隧道尽量选在两岸山体饱满处,这样便于隧道河岸段展线,并利于布置风井、隧道洞口以及施工作业场地。隧道轴线和风井应避免穿越支沟、小河和古河道,一般情况下,这种地方的地下水较多,石质较破碎。

(2)隧道位置选定应注意的地质条件

一般情况下,隧道位置应尽可能选择在地质构造简单、节理裂隙不发育、岩性较好的稳固地层中。避免通过侧压很大、地下水丰富和排水困难的沟谷洼地,以及地质构造极为复杂、严重地质不良地段和含有有害气体、高温等的地层。当隧道通过特殊地质构造时应特别注意。

(3)不良地质地段的穿越

隧道路线选线时的隧道位置选择,原则上是尽量避免穿越不良地质段。但如必须通过时,则要加强调查研究,摸清不良地质地区的特征和规律,避重就轻,尽量减少不良地质地段造成的施工困难和后期的工程病害,并提出具体的技术措施。做到使隧道方案合理,施工过程安全可靠,不留后患。

三、隧道洞口位置选择

隧道洞口条件优劣直接影响到隧道位置的确定。洞口施工是隧道修筑过程中的困难点之一;运营过程中洞口又是受到外界气候、气象、水文等因素直接影响的区域。因此隧道洞口位置的选定要注重地形、地质、水文、气象等情况的调查,着重考虑洞口仰坡、边坡的稳定,结合洞口有关工程及施工条件,综合研究比选,以保证施工及运营的安全。隧道洞口一般应设在山体稳定、地质条件好、排水有利的地方。隧道"宜长不宜短",应"早进洞、晚出洞",尽量避免"大挖大刷",破坏山体稳定。

隧道洞口位置选择一般有以下几种形式(图5-22):

1. 坡面正交型

这是一种隧道轴线与坡面正交的形式,最为理想。

2. 坡面斜交型

隧道轴线与坡面斜交进入,边坡切线与洞门为非对称,往往存在偏压,应考虑洞门形式和偏压的影响。一般偏角以不大于30°为好,偏角越大偏压也越大。

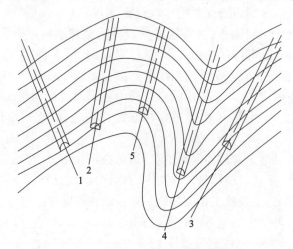

图 5-22 隧道洞口轴线与地形关系图
1-坡面正交型;2-坡面斜交型;3-坡面平行型;4-山脊突出部进入型;5-沟谷部进入型

3. 坡面平行型

这是一种极端的斜交情况,隧道洞门段在较长区段处于单侧覆盖层较薄时,应考虑偏压问题,此时往往容易发生问题,应尽量避免这种形式。在不得已情况下,施工中应考虑反压回填。

4. 山脊突出部进入型

山脊突出部一般是稳定的,但山脊突出部的背后侧有时可能存在断层,如果属于活动断层应避开。

5. 沟谷部进入型

沟谷部进入型存在岩堆等不稳定堆积层,地下水位较高,泥石流、雪崩等自然灾害容易发生。洞口轴线应尽量与坡面正交。采取斜交时,洞口覆盖层不应小于 2~3m,其边、仰坡应采取锚喷支护加固。洞口段应进行地表注浆加固,并应做好地表截、排水工作。

四、隧道平面线形设计

隧道平面线形是指隧道中心线在水平面上的投影。该投影由直线段和曲线段组成,其中曲线段又可由缓和曲线和圆曲线组成。直线段的限制技术指标是直线长度;曲线段的限制技术指标有圆曲线最小半径和曲线长度。隧道的平面线形设计要按《公路路线设计规范》(JTG D20—2017)的规定进行,并应照顾到隧道的特点,需要注意的有以下三个方面:

(1)隧道的平面线形原则上应尽量采用直线,避免曲线。因为曲线隧道内部净空需要加宽,造成开挖、支护和衬砌工程量的增加;并且曲线隧道通风条件恶化,尤其是小半径曲线和反向曲线更为不利,增加了隧道施工难度,如在测量、衬砌、内装、吊顶等工作上。

(2)隧道的平面线形如必须设置曲线时,其半径不宜小于不设超高的曲线半径,并满足视距要求。这里有三点应引起注意,一是小半径曲线,二是超高,三是视距。如果采用小半径曲线,会产生视距问题。为确保视距,势必要加宽断面,这样相应的要增加工程费用并且给施工增加了难度。设置超高,势必使得隧道建筑限界发生转动,这样也会导致隧道断面的加宽。隧道内一般禁止超车,所以需要采用停车视距,根据停车视距可以计算出设置曲线时不加宽的最小曲线半径。

(3)曲线隧道的利用。因地形条件的限制和总体路线的要求,在隧道中不得不使用曲线甚至小半径曲线,进行加宽等必要的处理后,还是可行的。长大隧道如果需要设置竖井、斜井,也常考虑在隧道中部插入曲线。在隧道施工中,如遇到溶洞不得不改线绕行时,也会在原直线隧道中出现部分曲线隧道。单向行驶的长隧道,如果在出口一侧放入大半径曲线,面向驾驶员的出口墙壁亮度是逐渐增加的,有利于驾驶员的亮适应。

五、隧道纵断面线形设计

隧道纵断面线形是指隧道中心线展直后在垂直面上的投影。这条线由直线和曲线组成,直线段的技术指标是纵坡坡度,曲线段的技术指标有竖曲线最小半径和曲线最小长度。

1. 隧道纵断面线形的坡型

(1)一字形坡,对于不长的隧道,从一端逆上坡施工有利于施工排水,有利于隧道的通风,多用于傍山隧道或不长的越岭隧道。

(2)人字形坡,有利于从两端施工时出渣和排水,但对运营通风不利,多用于较长的山岭隧道。

(3)V字形坡,多用于水底隧道河底段较短的场合。优点是增加河底段埋深,可适当缩短整个隧道轴线长度;缺点是施工排水不便,在河床中间要安设排水泵房。

(4)W字形坡,用于河底段较长的水底隧道,河底段设置成人字形坡,使水流向两岸底的最低处。优点是行车安全、施工排水、施工出渣以及永久排水等方面有利,在河床中间可不设排水泵房;缺点是隧道轴线可能长些。

2. 隧道纵坡坡度

若隧道纵坡坡度过大,不论是在汽车的行驶还是在施工及养护管理上都不利,隧道内不应采用平坡,因为隧道施工中和运营中需要排水。隧道内纵断面线形应考虑行车安全性、运营通风规模、施工作业效率和排水要求,隧道纵坡不应小于0.3%,一般情况下不应大于3%;受地形条件限制时,高速公路、一级公路的中、短隧道可适当加大,但不宜大于4%。短于100m的隧道纵坡可与该公路隧道外路线指标相同。当采用较大纵坡时,必须对行车安全性、通风设备和运营费用、施工效率的影响等做充分的技术经济论证。隧道内纵坡的变换不宜过大、过频,以保证行车视距和舒适性。

3. 隧道竖曲线

为使车辆在隧道内安全行驶，在纵坡变更处应根据视距要求设置竖曲线。对于山岭隧道，多为凸曲线，其半径和竖曲线的最小长度应符合《公路工程技术标准》(JTG B01—2014)的规定；对于水底隧道和城市立体交叉，都为凹曲线，其半径和竖曲线的最小长度除应符合《公路工程技术标准》(JTG B01—2014)的规定外，还应验算在隧道净空限制下，驾驶员视线距离是否满足视距要求。为了有利于高速行驶，竖曲线采用抛物线形，原点的曲率半径称为竖曲线半径。在隧道中为了提高视线的诱导作用，只能考虑选择较大的竖曲线长度。

六、隧道引线设计

引线的平面、纵断面线形，应当保证进洞时的设计车速，有足够的视距，保证行驶安全。引线分为进口引线和出口引线，它们有不同的功能，所以对它们也有不同的要求。

进口引线主要有两个功能：一是视觉和心理反应功能，二是保证进洞车速功能。视觉和心理反应功能是指在进口段，驾驶员需要在足够远的距离上识别隧道洞口，是自然地而不是突然地发现洞口，有足够的时间能够自然地集中注意力观察洞口及其附近的情况。保证进洞车速功能是指应使汽车能以设计车速匀速地驶入隧道，避免在进洞后加速产生过多的排污量。要求进洞前的引线段纵坡与隧道纵坡在必要的距离之内应保持一致。当进洞前引线段为陡坡时，车速会降低，往往在进洞时还达不到设计车速要求，进洞之后还在继续加速，使排污量增加，导致通风设备的加大或通风量的不足。

出口引线的功能主要是完成视觉感应的适应问题。尽管在隧道照明设计中，必须对出口段照明作特殊加强设计，洞内亮度仍比洞外暗得多。驾驶员以设计车速驶出洞外时，仍然会有眩光的感觉，从而产生视觉适应问题，影响驾驶安全。在有正确照明设计的情况下，需要3～5s的时间才能恢复正常。为了确保驾驶安全，在出口段，按设计车速计算，在3～5s走过的距离，就是出口引线的长度，其线形应该保持与洞内一致。这当中包括：不能有急转弯，不能有大下坡。急转弯组合大下坡是最劣设计。对于对向交通的单洞隧道，因为两端都是进口引线，已经有足够的长度；对于单向交通的双洞隧道，如果是整体式路基也不存在问题，如果是分离式路基就要特别注意。

七、隧道横断面线形设计

隧道横断面是指垂直于隧道中心线的剖面。横断面的线形设计包括断面形状的选择、幅宽要求等，还需由结构受力、通风方式和施工方法等综合对比确定。

1. 隧道净空断面

隧道净空(Tunnel Clearance)是指隧道内轮廓线所包围的空间(图5-23)。隧道内轮廊设计除应符合隧道建筑限界(图5-24)的规定外,还应为洞内路面、排水设施、装饰构造提供建筑空间,为通风、照明、消防、监控、运营管理等设施提供安装空间,为衬砌变形及施工误差预留适当的富余量,设计断面形式及尺寸应符合安全、经济、合理的原则。

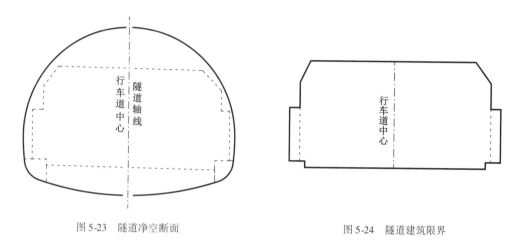

图5-23　隧道净空断面　　　　　　图5-24　隧道建筑限界

2. 隧道建筑限界

隧道建筑限界(Tunnel Construction Clearance)是指为了保证在隧道中的安全行车,在一定的宽度、高度空间范围内任何部件不得侵入的界限。各级公路隧道的建筑限界标准应符合《公路隧道设计规范　第一册　土建工程》(JTG 3370.1—2018)的规定。建筑限界是供交通使用的空间,这个空间当然不能允许其他部件侵入,设计上为可靠起见,在限界外面还留有富余量,以防万一有超高超宽车辆或车辆的颠簸、摆动,碰撞到洞内设施,造成设备或车辆的意外伤害,引起不良后果。公路隧道的建筑限界,横向包括行车道、侧向宽度(含路缘带、余宽)以及人行道、检修道等,顶角宽度的规定是保证正常行驶的车辆顶角不会跑到限界外面去;竖向包括起拱线(直墙或曲墙与拱顶的分界线)、人行道或检修道高度等。限界的概念是限制侵入,并不是指定范围。设计上并不是限制,而是可以根据实际需要加宽或加高。但这种加宽或加高是用增加造价换取的,所以设计时把握一个"适度"才是设计水平的体现。一般情况下是在限界外预留10cm的预留量,保证施工时的"误差后果"不会侵入限界。

3. 紧急停车带及车行横通道、人行横通道

紧急停车带(Emergency Parking Strip)的主要功能是用来停放车辆、紧急情况下疏散交通及救援车辆和救援小组用以进行救援活动等(图5-25)。长、特长隧道应在行车方向右侧设置紧急停车带。双向行车隧道,其紧急停车带应双侧交错布置。在上、下行分离式独立双洞的公路隧道之间应设置横向通道,包括车行横通道(Adit for Vehicle Passing)和人行横通道(Adit for People Passing)。

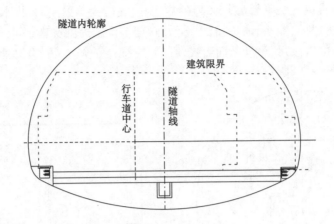

图 5-25 具有紧急停车带的隧道建筑限界

4. 悬挂射流通风机时拱部尺寸的确定

采用射流通风机进行诱导通风时,要根据悬吊架的高度、射流通风机的外径、通风机下沿富裕量来确定拱顶高度。横向上,如果在同一断面上悬挂两台射流通风机时,间隔距离以安装操作方便来具体确定,但其净距不宜小于风机直径。

八、隧道结构构造

隧道结构主要由主体构造物和附属构造物两部分组成。主体构造物是为了保持岩体的稳定和行车安全而修建的人工永久建筑物,通常指洞身衬砌、明洞及洞门。附属构造物是主体构造物以外的其他构造物,是为了运营管理、供配电、通风、照明、防排水、安全等而修建的构造物。

1. 洞身衬砌

洞身衬砌(Tunnel Lining)的构造、形状和尺寸因其用途、地形、地质、施工和结构性能等条件的差异而不同。按照构筑方式的不同,可以把洞身衬砌结构形式分成四种,即整体式混凝土衬砌、装配式衬砌、喷锚支护衬砌和复合式衬砌。

(1) 整体式混凝土衬砌

对于传统矿山法施工的隧道,多采用整体式混凝土衬砌(Monolithic Lining)作为隧道的永久结构,其优点是坚实稳固,耐久时间可达百年,缺点是不能及时起到支护作用。常用的形状有直墙式(图 5-26)和曲墙式(图 5-27)两种。前者由直边墙和拱圈构成(下部不闭合,一般仅以素混凝土铺底),适用于地质条件比较好、围岩压力以竖向为主(横向压力不很大)、地下水作用不显著的地层。曲墙式衬砌由曲边墙、上部拱圈和下部仰拱构成,适用于地质条件较差、侧向水平压力较大、有显著地下水作用的地层。仰拱的作用可以使整个结构封闭,从而更有效地防水、防止结构下沉和抵抗地层的上鼓力。

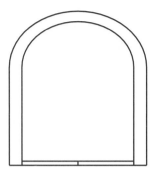
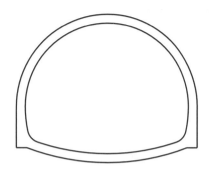

图 5-26　直墙式衬砌　　　　　　　图 5-27　曲墙式衬砌

（2）装配式衬砌

装配式衬砌（Precast Lining）由预制构件在现场拼装而成，一般为圆形，主要用于盾构法（图 5-28、图 5-29）、沉埋法和 TBM 法施工的隧道。其衬砌材料往往采用装配式材料，如钢筋混凝土大型预制块、有加筋肋的铸铁预制块等。其支护特点是坚实稳固、作用快，但需要妥善处理与地层密贴及管片接头防水等问题。这种衬砌可以作为永久衬砌结构，也可作为初期支护再加二次模筑衬砌。

图 5-28　管片预制场　　　　　　　图 5-29　管片拼装

（3）喷锚支护衬砌

喷锚支护（Shotcrete and Rockbolts Supporting）是喷射混凝土加锚杆支护的简称，主要用于钻爆法施工的隧道。喷射混凝土是以压缩空气为动力，将掺有速凝剂的混凝土拌合料与水汇合成为浆状，喷射到坑道的岩壁上凝结而成。当围岩不够稳定时，可加设锚杆、各类纤维和金属网，构成一种支护形式，简称"锚喷支护"。当围岩稳定性好，喷射混凝土材料与施工符合要求，也可直接作为永久衬砌。

（4）复合式衬砌

复合式衬砌（Composite Lining）由初期支护和二次衬砌组成，中间设置防水层（图 5-30）。初期支护一般由喷锚支护组成，二次衬砌一般由模筑混凝土组成。通常用于山岭隧道新奥法施工的隧道或城市地下铁道暗挖法施工的区间隧道。

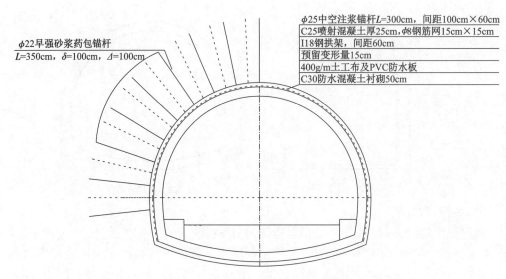

图 5-30　Ⅴ级围岩隧道复合式衬砌

从理论上讲，隧道施工期间，围岩的大部分形变压力由初期支护所承担，二次衬砌所受围岩压力较小。但实际上，二次衬砌施作时，围岩存在一部分残留变形，其产生的围岩压力需由初期支护和二次衬砌共同承担。此外，隧道运营后，初期支护在地下水的作用下，其承载能力有可能降低，所以这时的围岩压力主要由二次衬砌来承担，所以设计时二次衬砌仍按主要受力结构来计算。

2. 明洞

当洞顶覆盖层较薄、难以采用暗挖法修筑隧道时，或隧道洞口及路堑地段受塌方、落石、泥石流、雪害等危害时，通常应设置明洞（Open-cut Tunnel）。明洞一般采用明挖法施工。明洞具有地面、地下建筑物的双重特点，即作为地面建筑物以抵御边坡、仰坡的塌方、落石、滑坡、泥石流等病害。明洞的结构形式应根据用途、地形、运营安全、施工难易以及经济条件等进行具体分析后确定，采用最多的是拱式明洞（图 5-31）和棚式明洞（图 5-32）。

图 5-31　拱式明洞

图 5-32　棚式明洞

3. 洞门

洞门(Portal)是隧道两端的外露部分,也是联系洞内衬砌与洞口外路堑的支护结构,其作用是保证洞口边坡的安全和仰坡的稳定,引离地表流水,减少洞口土石方开挖量。洞门也是隧道的标志性建筑物,因此,应与隧道规模、使用特性以及周围建筑物、地形条件等相协调。为了保护岩(土)体的稳定和使车辆不受崩塌、落石等威胁,确保行车安全,应该根据实际情况,选择合理的洞门形式。洞门主要类型有以下几种:

(1)端墙式洞门

端墙式洞门适用于岩质稳定的Ⅱ级以下围岩和地形开阔的地区,是最常使用的洞门形式(图5-33)。

(2)翼墙式洞门

翼墙式洞门适用于地质较差的Ⅳ级以上围岩,以及需要开挖路堑的地区(图5-34)。翼墙式洞门由端墙及翼墙组成。其中翼墙是为了增加端墙的稳定性而设置的,同时对路堑边坡也起支撑作用。

图5-33 端墙式洞门

图5-34 翼墙式洞门

(3)环框式洞门

当洞口岩层坚硬、整体性好、节理不发育,路堑开挖后仰坡极为稳定,并且没有较大的排水要求时采用环框式洞门(图5-35)。

(4)遮光棚式洞门

隧道在照明上有相当高的要求,为了处理好驾驶员在通过隧道时的一系列视觉上的变化,有时考虑在入口一侧设置减光棚等减光构造物,对洞外环境作某些减光处理。这样洞门位置上就不再设置洞门建筑,而是用明洞和减光构造物将衬砌接长,直至减光构造物的端部,构成新的入口(图5-36)。

(5)柱式洞门

当地形较陡,仰坡有下滑的可能性,又受地形或地质条件限制,不能设置翼墙时,可在端墙中部设置2个(或4个)断面较大的柱墩,以增加端墙的稳定性(图5-37)。柱式洞门比较美观,适用于城市附近、风景区或长大隧道的洞口。

(6)台阶式洞门

当洞门处于傍山侧坡地区,洞门一侧边坡较高时,为减小仰坡高度及外露坡长,可以将端墙一侧顶部改为逐步升级的台阶形式,以适应地形的特点,减少仰坡土石开挖量。这种洞门也有一定的美化作用(图 5-38)。

图 5-35　环框式洞门

图 5-36　遮光棚式洞门

图 5-37　柱式洞门

图 5-38　台阶式洞门

隧道防排水,不仅是影响隧道正常施工的因素之一,也是影响隧道正常运营的重要因素之一。隧道的水害是由洞内、外的多种因素引起的,所以不可能靠单一的办法就能得到好的解决。根据多年的隧道治水经验,隧道防水(Tunnel Waterproof)和排水(Tunnel Drainage)应遵循"防、排、截、堵结合,因地制宜,综合治理"的原则。图 5-39 为典型的隧道防排水设计,包括防水层和排水系统。

防:即要求隧道衬砌、防水层具有防水能力,防止地下水透过防水层、衬砌结构深入洞内。

排:即隧道应有通畅的排水设施,将衬砌背后、路面结构层下的积水排入洞内中心水沟或路边侧沟。排出衬砌背后积水,能减少或消除衬砌背后水压力,排得越好,衬砌结构渗水的几率越小,防水也就越容易;排出路面结构层下的积水,能防止路面冒水、翻浆、结构泡坏。

截:对易于渗漏水地段,应采用设置截(排)水沟、清除积水、填筑积水坑洼地、封闭渗漏点等措施;对于地下水,应采取导坑、泄水洞、井点降水等措施。

堵:针对隧道围岩有渗漏地段,采用注浆、喷涂、堵水墙等方法,将地下水封堵在岩体内。

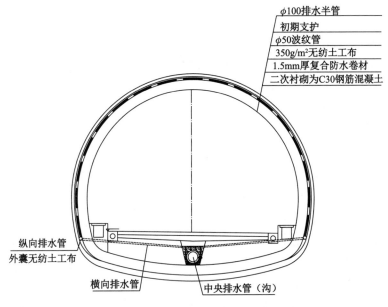

图 5-39 典型的隧道防排水设计

九、隧道结构计算的理论与方法

隧道结构计算的任务,就是采用数学力学的方法,计算分析在建设的整个过程中隧道围岩及衬砌的变形和受力,为隧道的设计与施工提供具体参数。最初的隧道工程设计没有计算理论可遵循,完全依靠经验进行。到 19 世纪初,人们才将地面结构计算的一些方法引入到隧道结构计算中。经过 200 年来的不断探索改进和长期实践,地下结构的受力特点才被人们逐渐认识,形成了将地下结构和地层介质统一考虑的计算理论。

如果只考虑隧道衬砌和地层的相互作用,地下结构的计算方法可分为结构力学方法和连续介质力学方法。

结构力学方法,即将地层对衬砌结构的作用看作是施加在结构上的荷载(包括主动围岩压力和被动围岩压力),来计算结构的内力和变形的方法。弹性连续框架法、假定抗力法、弹性地基梁法都属于结构力学方法的范围。很显然,结构力学方法,就是岩土工程中的荷载结构法,它仅仅对衬砌结构进行计算,而无法计算围岩的变形以及应力。

连续介质力学方法,认为衬砌结构和地层一起构成受力变形体,然后按黏弹塑性力学的方法来计算衬砌的变形和内力。目前,按这一理论得到的解答有圆形隧道的弹性解、黏弹性解、弹塑性解以及地下连续墙的塑性解等。事实上,这里提到的连续介质力学方法,就是岩土工程中的地层结构法。它不仅可以计算衬砌结构,还可以计算围岩的变形和应力分布。但是,此类方法过于复杂,得到的解析解并不多,因此需要采用数值方法或半解析半数值的方法进行求解。

第四节 隧道施工方法

一、隧道施工概述

隧道施工是指修建隧道及地下洞室的施工方法、施工技术和施工管理的总称。隧道施工过程通常包括：在地层内挖出土石，形成符合设计断面的隧道，进行必要的支护和衬砌，控制隧道围岩变形，保证隧道施工安全和长期安全使用。

隧道施工方法依据工程地质和水文地质条件，并结合隧道断面尺寸、长度、衬砌类型、隧道使用功能和施工技术水平综合考虑确定。根据隧道穿越地层的不同情况和目前隧道施工方法的发展，隧道施工方法可按图 5-40 进行分类。隧道施工技术主要研究解决上述各种隧道施工方法所需的技术方案和措施；隧道施工管理主要解决施工组织设计和施工中的技术管理、计划管理、质量管理、经济管理、安全管理等问题。本节对目前常用的隧道施工方法进行简要介绍。

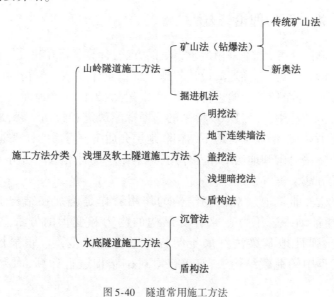

图 5-40 隧道常用施工方法

二、山岭隧道常规施工方法

1. 矿山法

矿山法是以钻孔、装药、爆破为开挖手段，以围岩-结构共同作用为支护设计理论，采用复合式衬砌结构，以钻爆开挖作业线、装渣运输作业线、初期支护与防排水作业线、二次模筑衬砌作业线、辅助施工作业线为特点的重要隧道施工方法。

在矿山法施工中，坑道开挖后的支护方法，大致可以分为钢木构件支撑和锚杆喷射混凝土支护两类。人们习惯上将采用钻爆开挖加钢木结构支撑的施工方法称为"传统的矿山法"；而将采用钻爆开挖加锚喷支护的施工方法称为"新奥法"。传统矿山法是以木或钢构件作为临时支撑，待隧道开挖成形后，逐步将临时支撑撤换下来，而代之以整体式厚衬砌作为永久性支护的施工方法。

当前我国隧道施工中广泛采用的是与新奥法（New Austrian Tunnelling Method，NATM）原理相结合的钻爆法。新奥法即奥地利隧道施工新方法，是在锚喷支护技术的基础上总结和提出的。新奥法施工的基本原则：少扰动、早喷锚、勤量测、紧封闭。

少扰动，是指在进行隧道开挖时，要尽量减少对围岩的扰动次数、扰动强度、扰动范围和扰动持续时间。

早喷锚，是指开挖后及时施作初期锚喷支护，使围岩的变形进入受控制状态。

勤量测，是指以直观、可靠的量测方法和量测数据来准确评价围岩（或围岩加支护）的稳定状态，或判断其动态发展趋势，以便及时调整支护形式、开挖方法，确保施工安全和顺利进行。

紧封闭，一方面是指采取喷射混凝土等防护措施，避免围岩因长时间暴露而致强度和稳定性逐渐衰减，尤其是对于易风化的软弱围岩；另一方面是指要适时对围岩施作封闭形支护。

新奥法施工步骤具体如下：

（1）开挖与出渣

隧道开挖的基本原则是：在保证围岩稳定或减少对围岩扰动的前提下，选择恰当的开挖方法和掘进方式，并尽量提高掘进速度。隧道开挖方法实际上是指开挖成型方法，按开挖隧道的横断面分部情形可分为全断面法、台阶法、分部开挖法三大类及若干变化方案（图5-41）。在选择开挖方法时，应对隧道断面大小及形状、围岩的工程地质条件、支护条件、工期要求、工区长度、机械配备能力、经济性等相关因素进行综合的分析。

a) 全断面开挖法　　　　　　　　　b) 台阶开挖法

图 5-41

c) 预留核心土环形开挖法

d) 单侧壁导坑法

e) 双侧壁导坑法

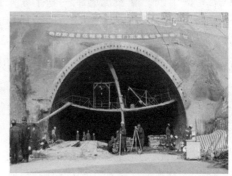
f) 交叉中隔墙(CRD)法

图 5-41　新奥法开挖方法

隧道施工的掘进方式是指对坑道内岩体的破碎挖除方式。常用掘进方式有钻眼爆破掘进、单臂掘进机掘进和人工掘进。

钻眼爆破掘进，即用炸药爆破坑道范围内的岩体(图5-42)，它对围岩的扰动破坏较大，有时由于爆破振动致使围岩产生坍塌，故一般只适用于石质隧道。但随着控制爆破技术的发展，爆破法的应用范围也逐渐加大，也用于软石及硬土的松动爆破。

a) 起爆

b) 爆破效果

图 5-42　钻眼爆破掘进

在软质岩石及土质隧道中,为减少对围岩的扰动,避免爆破振动对围岩的破坏,可以采用单臂掘进机掘进。常用的单臂掘进机是铣盘式采矿机,挖斗式挖掘机及铲斗式装渣机亦可以用于隧道掘进。在不能采用爆破掘进的软弱破碎围岩和土质隧道中,若隧道工程量不大,工期要求不太紧,又无机械或不宜采用机械掘进时,则可以采用人工掘进。

出渣是隧道施工的基本作业之一,分为无轨运输和有轨运输(图5-43)。出渣作业能力的强弱,决定了它在整个作业循环中所占时间的长短(一般在40%~60%),因此,出渣运输作业能力的强弱在很大程度上影响施工速度。在选择出渣方式时,应结合隧道或开挖坑道断面的大小、围岩的地质条件、一次开挖量、机械配套能力、经济性及工期要求等相关因素综合考虑。

a)无轨运输

b)有轨运输

图5-43 隧道出渣方式

(2)初期支护

隧道开挖后,为了控制围岩变形,改善围岩受力状态,更好地保护围岩,通常要及时施作柔性支护结构,称为初期支护。初期支护主要采用锚喷支护技术,主要包括安设锚杆、喷射混凝土、架立钢支撑等。

①安设锚杆。

锚杆是用金属或其他高抗拉性能的材料制作的一种杆状构件(图5-44),使用某些机械装置和黏结介质,通过一定的施工操作,将其安设在地下工程的围岩或其他工程结构体中。锚杆支护作为一种新的支护手段,它在技术、经济方面具有优越性且能适应不同地质条件,在建筑领域尤其是地下工程中得到广泛应用和迅速发展。

公路隧道中通常采用的锚杆有全长黏结式、端头锚固式、摩擦式、混合式等几种,前两种尤为普遍。

②喷射混凝土。

喷射混凝土既是一种新型的支护结构,又是一种新的施工工艺(图5-45)。它是使用混凝土喷射机,按一定的混合程序,将掺有速凝剂的细石混凝土喷射到岩壁表面上,并迅速固结成一层支护结构,从而对围岩起到支护作用。喷射混凝土的施工工艺有干喷、潮喷、湿喷和混合喷四种。主要区别是各工艺的投料程序不同,尤其是加水和速凝剂的时机不同。

 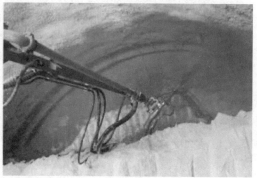

图 5-44　安设锚杆　　　　　　　　图 5-45　喷射混凝土

③架立钢支撑。

无论是采用喷射混凝土还是安设锚杆,或是在混凝土中加入钢筋网(图 5-46)、钢纤维,都是利用其柔性和韧性,而对其整体刚度并未过多要求。这对支护不太破碎的围岩(Ⅱ级硬岩至Ⅳ级中硬围岩)是可行的。当围岩软弱破碎严重时(Ⅴ、Ⅵ级围岩)其自稳性差,开挖后要求早期支护具有较大的刚度,以阻止围岩过度变形并承受部分松弛荷载,钢支撑(图 5-47)就具有这样的力学性能。

图 5-46　钢筋网　　　　　　　　图 5-47　钢支撑

④辅助工程措施。

是否采用辅助工程措施,应根据隧道所处的工程地质和水文地质条件、隧道长度、埋置深度、施工机械、工期和经济等方面综合考虑决定。辅助工程措施包括地层稳定措施和涌水处理措施。地层稳定措施又可分为地层预支护和预加固两大类,具体措施包括:超前管棚[图 5-48a)]、超前小导管[图 5-48b)]、超前锚杆、超前钻孔预注浆、锁脚锚杆/管、地表锚杆与注浆加固等。涌水处理措施包括:注浆止水、超前钻孔排水、超前导洞排水、井点降水及深井降水等。

a)超前管棚 b)超前小导管

图 5-48　隧道施工超前支护

(3)二次衬砌

复合式衬砌由初期支护和二次衬砌组成。初期支护是帮助围岩达到施工期间的初步稳定,二次衬砌则是提供安全储备或承受后期围岩压力。按照现代支护理论和新奥法施工原则,作为安全储备的二次衬砌是在围岩或围岩加支护稳定后施作的。此时隧道已成型,因此二次衬砌多采用顺作法,即由下到上,先墙后拱顺序连续灌注。在隧道纵向,则需分段进行,分段长度一般为 9~12m。二次衬砌多采用模筑混凝土施工,需配有足够的混凝土连续生产能力,和相应的便于组装就位的模板台车(图5-49)。其施工程序简化,衬砌整体性和受力条件较好。常用的模板类型有:整体移动式模板台车、穿越式(分体移动)模板台车、拼装式拱架模板。在衬砌混凝土达到一定强度后才能拆除衬砌模板。

图 5-49　公路隧道施工二次衬砌模板台车

(4)隧道施工监控量测

隧道施工过程中使用各种类型的仪表和工具,对围岩和支护、衬砌的力学行为以及它们之间的力学关系进行观察,并对其稳定性进行评价,统称为监控量测。它是保证工程质量的重要措施,也是判断围岩和衬砌是否稳定,保证施工安全,指导施工顺序,进行施工管理,提供设计信息的主要手段。

隧道监控量测包含必测项目和选测项目两大类。

必测项目包括：洞内、外观察[图5-50a)]，周边位移，拱顶下沉[图5-50b)]，地表下沉(埋深不大于2倍开挖宽度)。选测项目包括：钢架内力及外力[图5-50c)]，围岩体内位移(洞内设点)，围岩体内位移(地表设点)，围岩压力，两层支护间压力，锚杆轴力[图5-50d)]，支护、衬砌内应力，围岩弹性波测试，爆破振动，渗水压力、水流量，地表下沉(埋深大于2倍开挖宽度)。

a) 洞内观察　　　　　　　　　　b) 拱顶下沉量测

c) 钢架内力元件布设　　　　　　d) 测力锚杆安设

图5-50　公路隧道施工监控量测

2. 掘进机法

隧道掘进机法是用掘进机(图5-51,Tunnel Boring Machine,TBM)切削破岩、开凿岩石的施工方法，始于20世纪30年代。随着掘进机技术的迅速发展和机械性能的日益完善，隧道掘进机施工得到了很快发展。掘进机施工有着与钻爆法施工不可比拟的优点。虽然钻爆法仍是当前山岭隧道施工的最普遍的方法，而且掘进机也不能取代钻爆法施工，但用掘进机施工的隧道数量却在不断上升。

(1) 施工特点

与钻爆法开挖隧道施工过程相比，掘进机法开挖隧道的特点在于施工过程是连续的，具有隧道工程"工厂化"的特点。经过近一个世纪的努力,随着现代技术的发展,特别是近几十年来,掘进机不仅能在岩石整体性及磨蚀性强的条件下工作,也能在稳定条件差的地层中施工,从而被许多隧道作为主要施工方案进行比选。

图 5-51　掘进机

掘进机法施工具有快速、连续作业、机械化程度高、安全、劳动强度小、对地层扰动小、衬砌支护质量好、通风条件好、能减少辅助工程等优点。但它有对地质条件的依赖性大,设备的型号一旦确定开挖断面尺寸不可改变,一次性投资大等缺点。

(2) 掘进机类型

山岭隧道掘进机分为全断面和悬臂式两大类。目前使用的主要是全断面掘进机,悬臂式掘进机尚处在发展的初级阶段。

全断面掘进机(Tunnel Boring Machine,TBM)又分开敞式和护盾式两类。目前使用的主要是全断面掘进机,悬臂式掘进机尚处在发展的初级阶段。

开敞式和护盾式掘进机的区别在于开敞式掘进机在开挖中依靠撑于岩壁上的水平支撑提供设备推力和扭矩的支撑反力,开挖后的围岩暴露于机械四周。而护盾式掘进机则可在掘进中利用尾部已安装的衬砌管片作为推进的支撑,围岩由于有护盾防护,在护盾长度范围内不暴露。

①开敞式掘进机。

一般而言,开敞式掘进机适用于硬岩隧道的开挖。开敞式掘进机有两种类型:单水平支撑和双水平支撑。

单水平支撑掘进机的主梁和大刀盘支架是掘进机的构架,为所有的其他构件提供安装支点。大刀盘支架的前部安装主轴承和大内齿圈,它的四周安装了刀盘护盾,利用可调式顶盾、侧盾和下支撑保持与开挖洞面的浮动支承,从而保证了大刀盘的稳定。主梁上安装推力千斤顶和支撑系统。

双水平支撑掘进机在主机架中间有两对水平支撑,它可以沿镶着钢滑板的主机架前后移动。主机架的前端与大刀盘、轴承、大内齿圈相连接,后端与后下支撑连接,推进千斤顶借助水平支撑推动主机架及大刀盘向前,布置在水平支撑后部的驱动装置通过传动轴将扭矩传到大刀盘。

②护盾式掘进机。

护盾式掘进机适用于软岩隧道的开挖。护盾式掘进机也有两种类型：单护盾和双护盾。

单护盾掘进机整个机器由护盾保护，适用于软岩地层以及自稳时间相对较短、地质条件较差的地层(需在刀盘后采用较多支护措施的一般破碎甚至不稳定但无地下水的地层)。单护盾掘进机在掘进和安装衬砌管片时是依次顺序进行的，即不能同时作业。掘进中，它依靠后部的推进千斤顶顶推已安装好的衬砌管片得以向前掘进，掘进停止后，利用管片安装机将分成若干块的一环管片安装到隧道上。

双护盾掘进机在软岩及硬岩中都可以使用。它与单护盾掘进机的区别在于增加了一个护盾。在硬岩中施工时利用护盾作为水平支撑，所以双护盾既可利用尾部的推力千斤顶顶推尾部安装好的衬砌管片推进，也可以在利用水平支撑进行开挖时，同时安装衬砌管片，因此双护盾掘进机使开挖和安装衬砌管片的停机换步时间大大缩短。

三、浅埋及软土隧道施工方法

1. 明挖法

明挖法(图5-52)是从地面向下分层、分段依次开挖，直至达到结构要求的尺寸和高程，形成稳定的基坑，然后在基坑中进行主体结构的施工和防水作业，最后恢复地面的施工方法。明洞及隧道洞口段不能用暗挖时，多采用明挖法施工。明挖法在城市地下工程特别是浅埋的地下铁道工程中获得了广泛的应用。

明挖法施工的开挖方法主要包括：放坡开挖法、悬臂支护开挖法、围护结构有支撑的明挖法。

（1）放坡开挖法

隧道埋深较浅，施工对周围环境影响较小，基坑开挖仅仅依靠适当坡率的边坡即可保持土体稳定时，可采用放坡开挖。此法虽然开挖方量大，但机械化程度高，施工速度快，质量也易得到保证。放坡开挖是明挖法施工的首选方案。

图5-52 明挖法

（2）悬臂支护开挖法

基坑的悬臂支护开挖法是将基坑围护结构插入基坑底部以下，然后直接开挖基坑内土体的施工方法。围护结构处于悬臂状态，靠本身刚度和插入开挖面下的深度来平衡外侧土压力，开挖到设计高程后，再进行主体结构施工。由于基坑内无支撑，便于基础开挖和主体结构施工的机械化，也易保证工程质量。缺点是围护结构较复杂，增加了造价及施工难度。此法有时也用在有支撑开挖基坑的上部。

(3)围护结构有支撑的明挖法

当基坑深度较大时,开挖时除采用围护结构外,还常采用支撑加强围护结构以抵抗较大的侧压力。支撑的设置应考虑施工工艺的要求,支撑的强度、刚度、间距、层数及层位等应根据力学分析计算确定。施工中应经常检查支撑状态,必要时对其应力进行监控。

2. 地下连续墙法

1950年出现的地下连续墙,也称为混凝土地下墙或连续地中墙。它是将分段施工的单元地下墙连接成连续的地下墙体,替代传统的木桩、钢桩、钢筋混凝土桩等,起挡土、承重、防水作用。地下连续墙分为现浇地下连续墙、预制地下连续墙、排桩地下连续墙,目前广泛应用于地下工程作为基坑开挖的围护结构,也可作为地下结构物的一部分。由于其墙体刚度大、防渗性能好,能适应软土地质条件,工程施工对周围土体扰动小,对周围建筑物影响小,施工时振动小、噪声低,在狭窄场地也能安全施工。

3. 盖挖法

盖挖法是先盖后挖,即先以临时路面或结构顶板维持地面畅通再向下施工,主体结构可以顺作也可以逆作。盖挖顺作法是在地表作业完成挡土结构后,以预制的标准覆盖结构置于挡土结构上维持交通,向下反复开挖并加设横撑,直至设计高程,然后依序由下向上施作主体结构。盖挖逆作法是先在地表向下做基坑围护结构和中间桩柱,随后在隧道主体顶板地面高程处利用未开挖的土体作为土模浇筑顶板,在顶板覆盖下自上向下逐层开挖并建造主体结构直至底板。另外,施工中也存在盖挖半逆作法,盖挖半逆作法与逆作法的区别在于其主体结构为自下向上逐层浇筑。

盖挖法施工的优点是:结构的水平位移小;结构板作为基坑开挖的支撑,节省了临时支撑;缩短占道时间,减少对地面干扰;受外界气候影响小。其缺点是:出土不方便;板墙柱施工接头多,需进行防水处理;工效低,速度慢;结构框架形成之前,中间立柱能够支承的上部荷载有限。

4. 浅埋暗挖法

修建浅埋地段隧道,有时因周围环境等要求需要进行暗挖施工,这种施工方法称为浅埋暗挖法。浅埋暗挖法是参考新奥法的基本原理,开挖中采用多种辅助施工措施加固围岩,充分调动围岩的自承能力,开挖后即时支护,封闭成环,使其与围岩共同作用形成联合支护体系,有效地抑制围岩过大变形的一种综合施工技术。采用浅埋暗挖法,应与明挖法、盖挖法、盾构法等施工方法进行经济、技术及环境因素等方面的分析比较。

浅埋暗挖法施工隧道工程时,应根据工程特点、围岩情况、环境要求以及施工单位的自身条件等,选择适宜的开挖方法及掘进方式。必要时,应通过试验段进行验证。施工中常用的开挖方法是台阶法以及适用于特殊条件类型分部开挖的方法。

5. 盾构法

用盾构法施工的构思是由法国工程师布鲁诺(Brunel)在船板上蛀虫钻孔的启示下于1818年提出的。盾构法施工是以盾构这种施工机械在地面以下暗挖隧道的一种施工方法。盾构是一种集开挖、支护、推进、衬砌、出土等多种作业于一体的大型暗挖隧道施工机械(图5-53),是一个既可以支承地层压力又可以在地层中推进的活动钢筒结构。钢筒的前端设置有支承和开挖土体的装置,钢筒的中段安装有顶进所需千斤顶;钢筒尾部可以拼装预制或现浇隧道衬砌环。盾构每推进一环距离,就在盾尾支护下拼装(或现浇)一环衬砌,并向衬砌环外围的空隙中压注水泥砂浆,以防止隧道及地面下沉。盾构推进的反力由衬砌环承担。

图5-53 盾构机外观

盾构类型很多,可按开挖方式、构造类型、盾构的断面形状、盾构前部构造、排除地下水与稳定开挖面方式等进行分类。盾构按开挖方式不同可分为:手工挖掘式、半机械挖掘式和全机械挖掘式三种;按断面形状不同可分为:圆形、拱形、矩形和马蹄形四种;按盾构前部构造不同可分为:敞胸式和闭胸式两种;按排除地下水与稳定开挖面的方式不同可分为:人工井点降水、泥水加压、土压平衡式的无气压盾构,局部气压或全气压盾构等。随着科技发展,盾构机械的种类越来越多,适用性更加广泛。

盾构法施工具有以下优点:

(1)可在盾构支护下安全地开挖、衬砌。

(2)掘进速度快。盾构的推进、出土、拼装衬砌等全过程可实现机械化、自动化作业,施工劳动强度低。

(3)施工时不影响地面交通与设施,穿越河道时不影响航运。

(4)施工中不受季节、风雨等气候条件影响。

(5)施工中没有噪声和振动,对周围环境没有干扰。

(6)在松软含水地层中修建埋深较大的长隧道往往具有技术和经济方面的优越性。

盾构法最适于在松软含水地层中修建隧道,在江河中修建水底隧道,在城市中修建地下铁道及各种市政设施。盾构法一般适用于长隧道施工,对于短于750m的隧道被认为是不经济的。因为盾构是一种价格昂贵、针对性很强的专用施工机械,对每一条用盾构法施工的隧道,都需根据地质水文条件、结构断面尺寸专门设计制造,一般不能简单地倒用到其他隧道工程中重复使用。

四、水底隧道施工方法

在通海轮的江河或港湾地区,道路穿越水路时,虽然可以建高架桥梁,但桥下净空高度一般要求比桅高加高 2m 以上,常达 40~50m 以上,其造价及用地均较多,且当航运繁忙时,常常导致交通不畅。此时,水底隧道则成为较经济、合理、可行的跨越方式。目前,盾构法和沉管法是修建水底隧道主要的施工方法。盾构法前已有介绍,本小节主要介绍沉管法。

沉管法又称沉埋法(图 5-54),是修筑水底隧道的主要方法。沉管法施工的主要流程如下:先在隧址附近修建的临时干坞内(或利用船厂的船台)预制管段,预制的管段采用临时隔墙封闭,然后将此管段浮运到隧址的设计位置,此时已在隧址处预先挖好了一个水底基槽;待管段定位后,向管段内灌水、压载,使其下沉到设计位置,将此管段与相邻管段在水下连接,并经基础处理,最后回填覆土,即成为水底隧道。

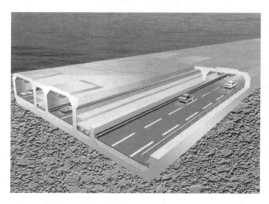

图 5-54　沉管法施工

沉管法修筑隧道的施工特点如下:对地质水文条件适应能力强;与埋深较大的盾构隧道相比,沉管隧道可浅埋,与两岸道路衔接容易,线形较好;沉管隧道的防水性能好;施工工期短;造价低;施工条件好;沉管隧道可做成大断面多车道结构。

第五节　公路隧道运营与管理

一、公路隧道运营通风

汽车通过隧道时,要不断地向隧道内排放废气。汽车所排放的废气,含有多种有害成分,如一氧化碳(CO)、烟、氮氧化物(NO_x)、二氧化硫(SO_2)、磷化物等。汽车还能携带尘土和卷起尘埃。这些物质造成了隧道内的空气污染。而隧道是个闭塞空间,一般只有进出口与大气相通,污染物不能很快扩散,导致隧道内污染空气的浓度逐渐积累。对于短隧道,由于受自然风和交通风的影响,一般来说有害气体的浓度不会积聚得太高,不会对人员的身体和行车安全构成威胁。但对于长大隧道情况就不同了,自然风和交通风对隧道内空气的置换作用相对减小,如不采取措施,隧道内有害气体的浓度就会逐渐升高,其中的 CO 浓度达到一定量值时会使人感到不适甚至窒息;柴油车排出的烟雾将不断恶化行车环境,使隧道内能见度降低。因此,为了有效降低隧道内有害气体与烟雾的浓度,保证驾乘人员及洞内工作人员身体健康,提高行车的安全性和舒适性,通常需要根据长大隧道的具体条件,按一定的方式不断地向隧道内送入新鲜空气,稀释有害气体浓度,使其达到卫生标准,此即为隧道运营通风(图 5-55)。

图 5-55 隧道内射流风机

1. 通风方式

隧道通风方式是指隧道内风流在行车空间的流动方式,主要分为自然通风和机械通风(图 5-56)。

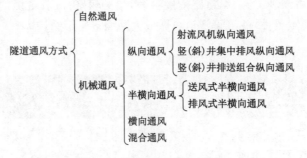

图 5-56 公路隧道通风方式分类

隧道自然通风,就是利用隧道内自然风流实现隧道内空气与地表大气交换,以达到隧道通风目的的一种通风方式。隧道自然通风无须建设专门的通风设施,因而隧道建设和运营管理简单、费用低,在有条件时应优先采用。

机械通风方式有纵向通风、半横向通风、横向通风和混合通风四种。纵向通风风流沿隧道轴线方向(纵向)流动;半横向通风风流通过平行风道(送风道)多个开口横向流入隧道主洞沿纵向排出,或者风流沿隧道主洞纵向流动过程中流入平行风道(排风道)的多个横向开口;横向通风风流从送风道流入隧道主洞,沿垂直于隧道轴线的方向(横向)流动,被排风道排出;混合通风是前面三种方式的综合运用。

选择通风方式时,应该综合考虑隧道长度、交通条件、地形、地物、地质条件、通风要求、环境保护要求、火灾时的通风控制、维护与管理水平、分期实施的可能性、工程造价、运营电费、维护管理费等诸多因素,采用安全可靠性高、建设安装方便、投资小、隧道内环境好、对灾害的适应能力强、运营管理方便、运营费用低的通风方式。

2. 通风井与风机房

在隧道的几种通风方式中,除射流风机纵向通风方式外,其他的大多数通风方式一般都需要修建通风井、风机房、联络风道等,并安装通风机,进而形成完整的通风系统。

通风井是连接隧道与地表的通道,包括垂直的竖井(图5-57)、倾斜的斜井和水平的横洞,如何选择需根据具体地形情况来确定。风井的位置和数量的确定,一般要考虑通风系统简单和修建费用少,还要考虑隧道运营通风效率高、运营成本经济和避免空气污染等要求。如果隧道施工时修筑了施工井,则可以将其充分利用作为通风井。若隧道穿过城镇,修建通风井要充分考虑对周围大气环境的不良影响,必要时应进行相关的调查和评价并采取有效的防范措施。

风机房用于安放隧道通风的动力设施,有洞外风机房和洞内风机房(图5-58)之分。

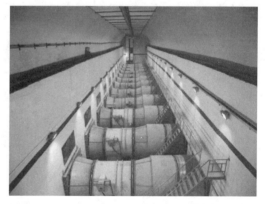

图5-57 秦岭终南山隧道通风竖井风口　　图5-58 秦岭终南山隧道风机房

在设计与修建时,尽量保证其位置合适、结构可靠、外观协调、便于养护和运营管理。风机房大小要根据风机的大小、台数来确定,要便于安装各种相关的装置和便于维修。当隧道采用全横向或半横向通风时,风机房可以设置在洞口处,并根据洞外路线、隧道洞门、洞外地形和景观等因素合理选择风机房的位置和形式。当隧道采用竖井和斜井通风时,风机房可以设置在洞内,也可以设置在洞外。设置在洞外的风机房有施工难度小和造价低的优势,但也存在破坏地表植被和维护不便的缺点;设置在洞内的风机房便于管理和维护,但要注意风机房的防水、防潮、防尘、降噪和温度调节。

二、公路隧道运营照明

与铁路隧道和地铁隧道相比,运营期间需要照明是公路隧道的特点之一。公路隧道的照明,是为了把必要的视觉信息传递给驾驶员,防止因视觉信息不足而出现交通事故,从而提高行车的安全性。与一般的公路照明相比,公路隧道照明的特点是白天也需要照明,而且白天照明比夜间照明问题更复杂。公路隧道照明与公路照明一样,需要考虑路面应具有一定的亮度水平,同时还应进一步考虑设计速度、交通量、线形等影响因素,并从驾驶上的安全性和舒适性等方面综合评价照明效果,特别是在隧道入口及其相邻区段需要考虑人的视觉适应过程。

进入隧道前,由于隧道内、外的亮度差别极大,所以,从隧道外部看照明不充分的隧道入口时,会看到长隧道的黑洞现象[图 5-59a)]。汽车由明亮的外部进入即使不太暗的隧道以后,驾驶员的眼睛也要经过一段时间才能看清隧道内部的情况,称之为"适应滞后现象"。隧道内部与一般道路不同,区别在于前者车辆排出的废气无法迅速消散而形成了烟雾,烟雾可以吸收和散射汽车前照灯和照明灯具发出的光亮,从而使隧道内能见度降低,不利于安全行驶。汽车穿过较长的隧道而接近出口时,由于出口外部亮度较高,出口看上去是个亮洞[图 5-59b)],驾驶员的视觉出现较强的眩光,因而视觉产生不舒服的感觉。

a) 黑洞效应

b) 白洞效应

图 5-59 隧道黑洞效应与白洞效应

消除前述种种视觉问题的办法是对隧道进行电光照明。由于隧道照明不分昼夜,电光照明费用较高,因此,必须科学地设计隧道的照明系统,充分利用人的视觉能力,使隧道照明系统安全可靠,经济合理。

1. 隧道照明区段划分

隧道照明的特点与难点在于白天照明。如果通过人工照明使洞内的亮度与洞外亮度相同,显然驾驶员驾车进出隧道时不会遇到任何视觉问题,但如此做隧道照明费用将极为昂贵。生活常识告诉我们,人眼在比较低的亮度环境下仍能看清楚一定距离处的物体。所以,在隧道照明设计中应尽量挖掘人的视觉潜力,在保证安全的前提下注意降低隧道内的亮度水平。隧道照明设计的任务是,通过科学地布置灯具,充分利用人的视觉适应能力,合理地在入口处由洞外高亮度过渡到洞内的低亮度,保持低亮度直到接近隧道出口,再由洞内低亮度过渡到洞外的高亮度。为了分析研究方便,根据隧道内外不同区段的亮度特点,沿隧道的轴线将隧道划分为五个照明区段,即接近段、入口段、过渡段、中间段和出口段(图5-60)。

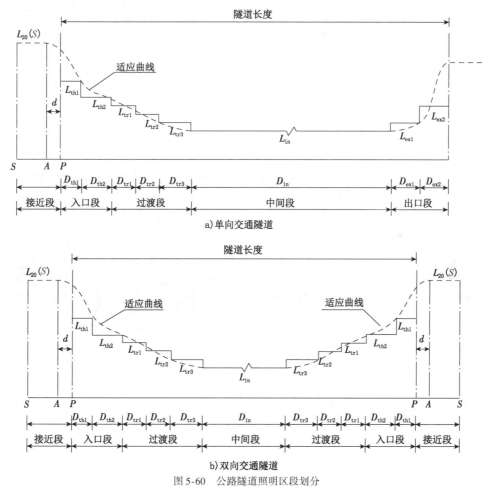

图5-60 公路隧道照明区段划分

S-接近段起点;A-适应点;P-洞口;d-适应距离;$L_{20}(S)$-洞外亮度;L_{th1}、L_{th2}-入口段亮度;L_{tr1}、L_{tr2}、L_{tr3}-过渡段亮度;L_{in}-中间段亮度;L_{ex1}、L_{ex2}-出口段亮度;D_{th1}、D_{th2}-入口段 TH_1、TH_2 分段长度;D_{tr1}、D_{tr2}、D_{tr3}-过渡段 TR_1、TR_2、TR_3 分段长度;D_{in}-中间段 IN 长度;D_{ex1}、D_{ex2}-出口段 EX_1、EX_2 分段长度

2. 照明器的选择与布置

在通常情况下,应使用在烟雾中有较好透视性的低压钠灯;如果是短隧道或柴油车比

率较小的隧道,烟雾会少些,亦可使用显色性好的荧光灯。在隧道出入口照明,可用小型大光通量的高压钠灯或高压汞灯。随着新一代光源的不断问世,应积极选用新光源,比如LED灯。灯具的合理布置就是在最经济的条件下达到最好的照明效果。灯具的布置方式有双排布置(包括对称排列、交错排列)和单排布置等(图5-61);同时为了缓解驾驶员的疲劳,隧道内部常常做一些景观设计(图5-62)。

a)双排布置　　　　　　　　　　　b)单排布置

图5-61　公路隧道照明灯具布置

a)秦岭终南山隧道景观照明　　　　　　b)上海外滩隧道景观照明

图5-62　公路隧道景观设计

三、公路隧道运营设施

1. 隧道中央控制管理设施

隧道中央控制管理设施包括计算机系统、闭路电视系统、大屏幕投影系统、地图板显示系统、LED显示系统、紧急电话和有线广播综合应用系统等。建立隧道管理站(所)是隧道运营管理的常用方式。

2. 隧道现场监控设施

隧道区段的监控设施(图5-63)主要由监测设备、控制及诱导设备构成;应使管理者能及时掌握交通信息,有效地管理交通。监测设备主要包括车辆检测器、洞口外彩色摄像机、隧道内固定摄像机、隧道外能见度检测器、光强检测器、一氧化碳/能见度检测器、风速风向检测器、火灾检测器(含火灾报警按钮)、隧道口超高检测器和紧急电话等。隧道控制及诱导设备主要包括区域控制器、大型可变信息标志、小型可变信息标志、可变限速标志、车道控制标志、交通信号灯、标志灯、隧道广播等。

图 5-63　秦岭终南山隧道监控中心

3. 安全设施

隧道区段的安全设施主要有标志、标线、视觉诱导标等，如图 5-64 ~ 图 5-66 所示。

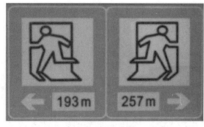　

a) 疏散标志　　　　　　　　　b) 消防标志

图 5-64　隧道内标志

图 5-65　标线　　　　　　　　图 5-66　视觉诱导标

4.消防设施

消防设施主要包括灭火器、消防栓、固定式水成膜泡沫灭火装置、常设消防车、消防给水及管道等,如图 5-67 所示。

a)消防报警设施　　　　　　　　　　　　b)隧道消防车

图 5-67　隧道消防设施

5.供配电设施

隧道供配电设施包括供电系统、配电系统以及电力监控系统。

四、隧道安全与养护管理

1.运营安全管理

保证隧道运营安全的基本途径是消除各种安全隐患。给隧道提供足够的风量,将有害气体与烟雾浓度稀释到规范要求的浓度以下,避免洞内空气污浊影响驾乘人员与洞内工作人员的健康,提高洞内的能见度,以利于安全行车;保证各照明区段灯具的完好性,并按设计要求控制灯具的开启,根据洞外亮度合理调节入口段和过渡段的亮度,使驾驶员的视觉能自然舒适地完成暗适应过渡,并在照明中间段有合理的路面平均亮度与亮度均匀度,为安全行车提供良好的看视条件;通过交通监控设施,检测并控制车辆经过隧道时的速度,降低因速度失控而引发交通事故的概率;加强对超限运输和危险品运输车辆的管制,当此类车辆通过隧道时,必须办理有关手续,采取适当的安保措施,确保其顺利通行。雨雪天路面湿滑,隧道洞口段会受到一定的影响,因此,应加强雨雪天洞口段的路面清理与交通管理。

2.事故状态管理

尽管人们采取了多种措施保证隧道运营的安全,但是,不论是国内还是国外,隧道内的交通事故与火灾仍时有发生。在隧道运营管理过程中,必须对隧道内可能出现的交通事故与火灾有所准备,制定出切实可行的交通事故处理与火灾扑救预案。一旦隧道内某种意外出现,隧道管理机构应能紧张而有秩序地予以应对,防止次生灾害的发生,及时抢救被困人员,减少经济损失。隧道的防灾救灾预案比较复杂,其结构体系如图5-68所示。

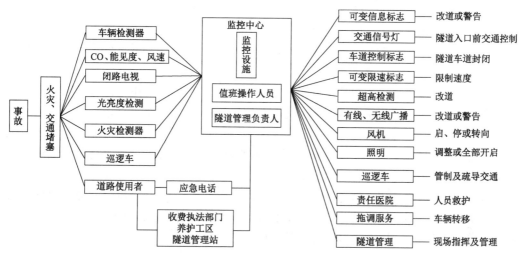

图5-68　隧道发生意外时的安全管理体系

3. 养护作业管理

隧道内空间狭小,有时还有车辆通过,作业环境较差,因此,进行养护作业时,一定要注意作业期间的各种安全问题,应执行《公路养护安全作业规程》(JTG H30—2015)和《公路隧道养护技术规范》(JTG H12—2015)的有关规定。养护作业的安全防护包括作业人员与作业机械的防护。

第六节　隧道及地下工程展望

一、城市地铁

随着城市人口和汽车保有量的逐年增加,交通拥堵问题日益突出,地铁的优势也越发明显。可以预计未来一段时间内,我国会有更多的大中型城市加入地铁城市行列。因此,我国城市地铁建设规模将会保持很长一段时间的高速增长。城市地铁发展趋势包括以下几方面:

(1)政策更加明晰。地铁交通在城市公交系统中作用越来越大,有条件的城市将把地铁交通作为优先领域,超前规划,适时建设。国家政策导向使地铁交通建设有较好的发展前景。

(2)技术更加先进。技术的进步,一方面提高了地铁运行效率和服务水平,另一方面也降低了地铁建设成本。

(3) 经营模式市场化。地铁经营方式包括完全的国有垄断经营模式和市场化经营模式。把市场机制运用在地铁交通运营中已成为一种发展趋势。

(4) 管理更加法制化。地铁交通管理的法制化起初并不完善。现在,很多地铁交通实行法制化管理,以保障地铁持续、稳定和高效地运行。地铁交通的全面法制化管理是地铁交通发展的重要趋势。

(5) 建设运营安全化。地铁交通规模宏大,技术复杂,其建设和运营阶段安全因素影响极大,一旦发生事故,将造成重大人员伤亡和财产损失。必须坚持"安全第一"的理念。

(6) 设备国产化和标准化。在建设创新型国家国策的指引下,我们要不断加强组织原始创新、集成创新和引进吸收再创新,推进国产化和标准化建设。标准化是提高生产效率的重要手段,是实施资源共享的重要举措。

(7) 公共交通网络化。以地铁为骨干,与公共电汽车等组成公共交通网。地铁与公共电汽车的首末站衔接,并设有供小汽车换乘地铁的停车场。这样,公共电汽车和小汽车就如同地铁的支线一样,通达地铁的未及之处,为地铁集结和分配客流。

二、城市地下综合管廊

近几年来,我国国家政策层面对城市综合管廊的推进和支持力度不断加大。随着城市综合管廊建设政策环境的持续改善以及资金投入的不断加大,我国综合管廊的总体发展趋势如下:建设标准高、投入大;示范性向实用性转变;管理运营的规范化、制度化和精细化;投融资模式的多元化。此外,国内综合管廊的技术发展也有几个值得关注的方向:预制拼装及标准化、模块化;综合管廊与地下空间建设相结合;综合管廊与海绵城市建设技术相结合;"BIM + GIS"技术在综合管廊建设中的应用等(注:GIS 意为地理信息系统,英文全称为 Geographic Information System)。

三、城市地下空间

目前我国城市的各种管线"各自为政、冲突不断",导致地下空间开发受到制约。在城市总体规划中,地下空间的开发利用已经由原来的"单点建设、单一功能、单独运转"转化为现在的"统一规划、多功能集成、规模化建设"的新模式。城市地下空间是一个十分巨大而丰富的"空间资源"。一个城市可发展利用的地下空间资源量一般是城市总面积乘以开发深度的40%。北京地下空间资源量为1193亿m^3,因而可提供64亿m^2的建筑面积,如果完全开发将大大超过北京市现有的建筑面积。

地下空间的开发利用,应以修建地铁车站为枢纽,并修建地下步行街、地下通道等辅助建筑将它们连接起来,形成各种功能相互兼容的集居住、办公、商业、娱乐与文化的综合体,从而使得城市形成以地面、地上和地下相互协调发展的立体综合空间,进而从根本上改变城市空间结构,加大城市空间的利用率。未来城市地下空间构想如图5-69所示。

图 5-69　未来城市地下空间构想图

四、地下储油、储气洞库工程

2022 年,中国石油需求约为 7.19 亿 t,国内原油产量回升至 2.05 亿 t,国内原油对外依存度达到 71.2%,进口原油已连续四年维持在 5 亿 t 以上。预计到"十四五"末,国内石油需求将接近 7.3 亿~7.5 亿 t 的峰值平台期,而天然气需求还将快速增长,到 2025 年将达到 4200 亿~5000 亿 m^3,年均增量 200 亿~300 亿 m^3。油气储备库修建在地下可以节约大量土地资源,保护地面环境,并且有利于防止恐怖袭击。由于天然气长距离输送的需求,利用地下储气库进行调节可以确保天然气安全平稳供气。可见未来建设大型地下储油、储气洞库已成为必然。

五、南水北调西线工程

我国水资源占有量为 28000 亿 m^3,但人均占有量仅为世界水平的 1/4,而且水资源时空分布极为不均。例如占国土面积 65%、人口 40% 和耕地 51% 的北方地区水资源总量只占全国的 1/5。我国 600 多个城市中有 400 多个存在资源性或水质性缺水问题,严重缺水的城市已达 110 个,正常年份我国城市缺水已达 60 亿 m^3。目前南水北调东线、中线工程已经通水。2020 年 4 月 16 日,黄河水利委员会组织南水北调西线工程综合查勘出征仪式。其中雅砻江引水线和通天河引水线全为隧洞,全长分别为 131km 和 289km,其规模和技术难度都是空前的。

六、三大海峡通道

三大海峡通道分别指渤海海峡通道、琼州海峡通道以及台湾海峡通道。渤海海峡和琼州海峡是从黑龙江到海南岛经11个省区市全长5700km的中国东部铁路以及公路交通大动脉的咽喉,台湾海峡是大陆与宝岛台湾相连的捷径通道,三者都具有重要的战略意义。

[1] 王毅才.隧道工程[M].2版.北京:人民交通出版社,2006.

[2] 中华人民共和国交通运输部.公路隧道设计规范 第一册 土建工程:JTG 3370.1—2018[S].北京:人民交通出版社股份有限公司,2018.

[3] 中华人民共和国交通运输部.公路隧道设计规范 第二册 交通工程与附属设施:JTG D70/2—2014[S].北京:人民交通出版社股份有限公司,2014.

[4] 中华人民共和国交通运输部.公路隧道通风设计细则:JTG/T D70/2-02—2014[S].北京:人民交通出版社股份有限公司,2014.

[5] 中华人民共和国交通运输部.公路隧道照明设计细则:JTG/T D70/2-01—2014[S].北京:人民交通出版社股份有限公司,2014.

[6] 中华人民共和国交通运输部.公路隧道施工技术规范:JTG/T 3660—2020[S].北京:人民交通出版社股份有限公司,2020.

[7] 中华人民共和国交通运输部.公路隧道养护技术规范:JTG H12—2015[S].北京:人民交通出版社股份有限公司,2015.

[8] 夏永旭.公路隧道运营管理手册[M].北京:人民交通出版社股份有限公司,2017.

[9] 夏永旭,王永东.隧道结构力学计算[M].北京:人民交通出版社,2012.

[10]《中国公路学报》编辑部.中国隧道工程学术研究综述·2015[J].中国公路学报,2015,28(05):1-65.

第六章

道路桥梁与渡河工程专业知识体系和核心课程

第一节 道路桥梁与渡河工程专业知识体系

一、专业知识体系

道路桥梁与渡河工程专业的知识体系包括通识类知识、学科基础知识和专业知识。

通识类知识包括工具类知识、人文社会科学类知识、数学和自然科学类知识三类。工具类知识包括外国语等；人文社会科学类知识包括哲学、政治、思想道德修养与法律基础、经济学基础、管理学基础、大学生心理学、体育等基本内容；数学和自然科学类知识包括高等数学（或数学分析）、线性代数、概率与数理统计、大学物理、大学物理实验、信息科学技术、计算机技术与应用、工程化学等基本内容。

学科基础知识也称专业基础知识，其教学内容须覆盖以下知识领域的核心内容：力学原理与方法、专业技术相关基础、工程项目经济与管理、结构基本原理与方法等。

专业知识包括道路工程、桥梁工程、隧道工程等专业方向设计、施工、养护、管理等方面的相关理论与技术，如路基路面工程、桥梁工程、隧道工程等知识。

二、主要实践教学环节

教学由课堂教学和实践教学两个环节组成。实践教学环节由实验、实习、设计、社会实践以及创新训练等组成。

实验主要包括普通物理实验、材料力学实验、水力学实验、土木工程材料实验、基本构件实验、土力学实验等。

实习主要包括课程实习以及结合专业方向的认识实习、生产实习和毕业实习,具体包括工程地质实习、测量实习、基础工程实习、路基路面实习、桥梁认识实习、隧道认识实习、道路勘测生产实习、桥梁工程生产实习、隧道施工生产实习等。

设计包括结合专业方向的课程设计和毕业设计(毕业论文)。课程设计主要包括路线课程设计、路基路面课程设计、公路施工组织与概预算课程设计、桥梁工程课程设计、预应力课程设计、钢与组合结构课程设计、隧道结构计算课程设计、基础工程课程设计等。毕业设计(毕业论文)主要包括道路工程、桥梁工程、隧道工程的相关内容。

社会实践包括人文社会科学课程中的社会调查和专业教育中的专业调查,由学校自行掌握。专业人才的培养体现知识、能力、素质协调发展的原则,特别强调大学生创新思维、创新方法和创新能力的培养。鼓励学校在人才培养中遵循循序渐进的原则,以知识体系为载体,在实验、实习和设计中进行创新训练,组织大学生创新实践活动。

第二节 道路桥梁与渡河工程专业核心课程简介

根据该专业的知识体系,该专业的课程分为通识教育课程、学科基础课程、专业方向课程以及实践环节。

有特色的学科基础课程主要包括:水力学与桥涵水文、道路工程材料、工程地质、测量学、土力学、混凝土结构设计原理等。

专业方向课程主要包括:道路勘测设计、工程经济与管理、路基路面工程、公路施工组织与概预算、道路施工与检测技术、公路管理与养护技术、道路交叉设计、基础工程、桥梁工程、结构振动与稳定、桥梁结构分析与设计、桥梁养护与加固、钢桥、隧道工程、隧道施工、隧道结构计算与分析、隧道运营管理、地基处理、岩土工程测试技术等。

下面对于本专业部分有特色的学科基础课程以及专业方向课程进行介绍。

1. 道路工程材料

随着现代交通的迅猛发展,道路工程新结构、新技术、新材料及新工艺层出不穷,各种新型道路工程材料也不断发展。该课程对学生的培养目标是:使学生掌握如何根据工程结构物的特点和地域条件,合理地选择及科学地使用道路工程材料,充分发挥道路工程材料的优势,提高道路工程结构物的质量,延长其使用寿命,并降低工程造价。主要内容分为:石料与集料、无机结合料、有机结合料、普通水泥混凝土、新型水泥混凝土、普通沥青混合料、其他沥青混合料、建筑钢材。课程将系统讲述道路工程所涉及材料的技术性质及技术要求,全方位展示道路工程材料的性能评价指标及相应的测试方法,深入分析道路工材料性能影响因素,重点阐述道路工程常用的复合材料,例如水泥混凝土、沥青混合料等的配合比设计方法。

2. 工程地质

"工程地质"主要研究关于各类公路工程(包括路基、桥梁、涵洞、隧道、特殊路基等)的地质问题。通过学习,初步掌握道路、桥梁、隧道及交通工程的有关工程地质基础知识,特别是公路工程地质条件的基本概念和基本知识;具备阅读一般地质图的初步能力,学会工程地质问题的分析与工作方法。在道路、桥梁、隧道及交通工程的勘测、设计和施工中,懂得搜集和应用有关的工程地质资料,对一般的公路工程地质问题能进行初步的分析和评价,并能合理地应用到相应的工程设计与施工中,解决相关的公路工程问题。

本门课程同时也是"岩体力学""土力学""隧道工程"等多门课程的先修课程,通过学习,使学生能够在其他相关课程的学习中运用本门课程中所学到的概念和方法。同时适当介绍本门课程的发展和相关知识,开阔学生眼界,为学生继续学习提供参考,为从事专业工作和进行科学研究打下基础。

3. 测量学

"测量学"是一门实践性很强的技术基础课程,课程目标是使学生掌握该课程教学内容的基本理论,能正确地使用测量基本仪器及工具,进行距离、角度及高差测量;基本能进行控制测量、大比例尺地形图测绘及其使用;掌握放样测量的基本方法和技能;并对测量的先进技术有一定了解。

通过该课程的学习,使学生获得测量学的最必要的基本理论、基本知识和操作技能,为学习后续专业课程和知识以及从事工程技术工作和科学研究打下可靠基础。

4. 土力学

通过该课程的学习,使学生掌握土力学课程的相关基本概念、基本方法,能利用学到的知识对工程中出现的一般问题进行分析和判断,具体课程知识目标如下:

(1)了解土力学的发展过程、研究内容及主要研究方法,熟练掌握土力学相关的基本概念,明确土的物理性质等内容;

(2)熟练掌握达西定律及动水力的概念与计算、土中应力计算等相关内容;

(3)熟练掌握土的压缩性指标及其测定方法,土的强度理论、强度试验指标选用及工程应用,土压力的计算方法及工程应用;

(4)熟练掌握土坡稳定分析方法,设计规范中确定地基容许承载力的方法,土的动力特性及砂土液化机理等相关内容。

5. 混凝土结构设计原理

"混凝土结构设计原理"以培养学生具备桥涵、隧道、挡土墙等构造物的受力构件的受力特点、设计计算方法、理论及构造要求为目标。主要内容分为:混凝土结构的基本概念、工作原理、使用范围等基础知识;材料的力学特性;设计计算的方法,混凝土受弯、受压、受拉、受扭构件的受力特点及设计计算方法原理;正常试用阶段的验算内容及方法。

鉴于该课程主要服务于学生后续桥梁工程、隧道工程等专业课的学习,教学中注重理论与实际工程结构构件相结合,教师在讲授作用相关知识点、构件设计计算方法理论及构造时,注重联系工程背景,对典型工程案例进行讨论,加深学生对公路构造物设计计算需要考虑的作用、构件设计方法的理解,牢固掌握各种受力构件的受力特征、设计计算方法和适用范围。

6. 道路勘测设计

"道路勘测设计"是公路建设中首先要涉及的问题,道路勘测设计成果的好坏直接影响到交通安全、通行能力以及工程造价等问题。该课程的培养目标是对道路立体线形的研究,掌握道路几何设计、道路选定线及道路交叉设计等的基本知识、原理及方法,采用课堂讲授与实践结合的方式。通过该课程的学习,学生应能根据地形、地质、地物、水文等因素,兼顾安全、环保、经济、美观等设计目标,基本能够完成道路路线选定线与线形设计工作。

该课程主要讲授道路线形设计和道路选定线部分,使学生达到掌握道路选定线原理及路线设计理论与方法的目的,使学生能独立完成道路勘测与平、纵、横设计工作,具备从事道路路线勘察设计的能力。熟悉道路勘测设计程序、内业、外业工作内容和方法,以及公路工程基本建设项目设计文件的编制工作。

7. 工程经济与管理

"工程经济与管理"是讲授公路工程经济分析与评价、工程项目建设管理的重要课程。

"工程经济与管理"依据我国公路建设相关政策法规,依托我国公路跨越发展成功经验,融合工程经济、工程管理、工程技术等学科基础理论及成果,重点分析总结了工程经济与管理的理论、知识、方法、要点,具有很强的理论性、实践性、政策性。

通过学习,使学生了解工程经济分析基本概念、基本理论,公路工程管理理论及特点,熟悉公路工程项目管理相关法律法规及要求,掌握工程经济分析基本方法、项目经济评价方法,公路工程管理的体制、流程、模式、组织,以及项目管理内容、重点。通过学习进一步扩展工科学生视野,拓展学生知识面,丰富工程经济管理知识体系。使学生树立工程经济及管理思维,掌握必要的工程项目的技术方案(包括工程项目的投资方案、工程设计和施工方案等)分析、比较、评价的方法,学会工程项目管理的基本原理与方法论,为学生建立管理项目的知识体系和培养应用管理知识解决实际问题的技能,为学生在毕业后从事有关的工程建设管理工作奠定坚实的基础。

8. 路基路面工程

"路基路面工程"是道路桥梁与渡河工程专业本科生必修的一门理论与实践并重、工程性较强的专业课,是一门运用数学、物理、化学、计算机信息科学等基础科学知识,力学、材料等技术科学知识以及相应的工程知识,研究、设计、建造和管理路基路面工程设施的理论和技术。该课程主要内容包括路基路面的设计、施工、养护与管理等,课程系统介绍路基路面工程的基本理论、基本知识和基本方法,其主要任务是:介绍路基基本性质、路基边坡稳定性、特殊路基,讲述一般路基设计、路基排水设计、路基防护与支挡工程设计、路基施工技术;介绍路面行车荷载和自然环境、路面材料特性、无机结合料稳定类路面、石料类路面、沥青路面、水泥混凝土路面、特殊路面使用性能评价与资产管理,讲述沥青路面结构设计、水泥混凝土路面设计和路面施工技术。

9. 公路施工组织与概预算

"公路施工组织与概预算"课程内容分为公路施工组织设计和概预算两部分,主要讲授公路工程的施工组织原理、施工组织设计编制方法以及公路工程概预算编制方法。

通过该课程的学习,使学生掌握公路工程施工组织理论、公路工程概预算的编制原则,在此基础上使学生能够基于本专业的理论知识,结合实际,综合运用现代技术、经济、管理的方法,借助于计算机的辅助手段,编制施工组织设计及公路工程概预算,为今后的工作实践打下良好的基础。

10. 道路施工与检测技术

"道路施工与检测技术"是一门综合性、实践性强的课程,以培养学生道路施工与检测技能为目标。学生通过该课程学习路基路面施工和检测的基本技术及方法,掌握道路工程施工和质量检验控制的核心技能。

教学内容以相关施工技术规范、标准、规程为依据,结合我国国情并借鉴国际先进施工技术和管理经验,突出道路施工生产中实际应用的技术和方法,内容主要包括路基施工、路面施工及施工质量控制和管理等。

11. 公路管理与养护技术

"公路管理与养护技术"是一门紧密联系公路工程建设管理与运营管理及养护实践的重要课程。它是由工程实践、技术科学与管理学等相互融合渗透而形成的一门综合性科学,具有理论面宽、实践性强、政策性要求高等特点。主要内容分为公路管理与养护技术两部分。包括:交通强国、公路建设管理、公路运营管理、公路综合执法管理、路面使用性能评价、预防性养护技术、路面再生技术、路面加铺技术及公路养护决策技术。

课程将公路管理中的理论、方法与前沿技术及工程实践相结合;通过理论基础与工程实践相结合的方法达到理论与实践相结合。教师在讲授公路养护技术的同时,以现行《公路技术状况评定标准》(JTG 5210)、《公路沥青路面养护设计规范》(JTG 5421)、《公路沥青路面再生技术规范》(JTG/T 5521)等规范为基础,广泛联系工程背景,同时辅以施工视频,使学生牢固掌握公路常用养护技术。另外,课程中有机融入课程思政内容,使学生感受到新时代我国公路交通发展的巨大成就以及建设的理论与实践,同时围绕国家交通发展重大战略,使学生明白公路建设与养护发展方向,提高学生的综合素养,为培养公路建养复合型人才奠定坚实的基础。

12. 道路交叉设计

道路交叉是道路系统的重要组成部分,是道路交通的咽喉。相交道路的各种车辆和行人都要在交叉口汇集、通过和转换方向,不同方向的交通流之间相互干扰,会使行车速度降低,阻滞交通,延误通过时间,也容易发生交通事故。因此,如何正确设计道路交叉、合理组织交通,对提高道路交叉的通行能力、减少延误和交通事故、避免交通阻塞、保障行车通畅具有重要意义。

道路交叉设计是道路建设中会涉及的专业问题,道路交叉设计不仅影响道路的规划和设计、道路的通行能力以及工程造价等,更对道路交通安全影响显著。该课程的主要任务是对道路交叉设计的基本理论、基本方法、基本原则讲解,是掌握和理解《公路路线设计规范》(JTG D20)及《公路工程技术标准》(JTG B01)等规定的基础。

通过该课程的学习,使学生掌握道路交叉的基本组成、设计的控制条件、设计的基本原理和方法,能完成道路交叉类型的选择、交叉方案的设计、交叉的几何设计等。使学生初步学会道路交叉的设计理论和方法,分析并解决一些道路交叉工程的实际问题,为毕业设计和未来的道路建设工作打好必要的基础,并为将来学习和从事道路交叉设计方面的科学技术研究和应用打下基础。

13. 基础工程

该课程系统介绍公路桥梁地基与基础的有关设计理论、计算方法和施工要点。主要内容包括地基与基础的基本概念,刚性扩大基础的类型、构造、地基沉降验算方法及设计计算方法,桩基础的设计方法,沉井的设计、施工与计算,地基处理方法,各种特殊土的地基加固方法等。

14. 桥梁工程

"桥梁工程"主要内容分为总论、梁桥、拱桥、刚架桥、斜拉桥与悬索桥、桥梁支座、桥梁墩台共七篇内容。

通过对"桥梁工程"课程各章节的学习,掌握常规桥型的基本构造要求和受力特点、设计计算方法,了解桥梁不同施工方法对结构受力的影响;掌握桥梁主要构件的构造功能与设计计算方法,通晓桥梁结构设计、施工、计算、养护的基本原则和方法。

通过该专业课的学习,使学生理解如何运用数学、力学和专业知识将复杂桥梁结构和桥梁作用简化为合理的计算图式进行内力分析,培养学生建立计算模型解决实际工程问题的能力。

15. 结构振动与稳定

学生通过该课程学习,要掌握结构动力学和结构稳定方面的基本知识,掌握与动力、稳定相关的基本力学概念,完成简单体系结构的自振特性及稳定临界荷载计算工作,为桥梁结构动力分析、桥梁结构稳定等深层次知识架构体系奠定基础。

16. 桥梁结构分析与设计

在初步掌握桥梁基本概念,桥梁构造,常规桥梁设计、计算与施工方法的基础上,重点讲述复杂桥梁(斜拉桥、悬索桥、组合体系拱桥、超静定梁式结构等)及异型桥梁设计、计算方法的课程。该课程是"桥梁工程"的加深和继续,也是桥梁与隧道工程专业硕士研究生阶段学习"桥梁结构理论"的基础。该课程内容以大跨径桥梁、复杂体系桥梁和异型桥梁上部结构计算方法为主,分类介绍各种体系桥梁结构分析与设计的方法与理论。通过学习,使学生了解不同桥梁结构体系的计算理论、方法和特点,为进一步深造和从事桥梁相关计算分析奠定基础。

17. 桥梁养护与加固

"桥梁养护与加固"是一门多学科交叉的课程,具有极强的工程实践性和实用性。该课程的学习需要学生具备基础的桥梁工程和结构设计原理知识,该课程主要解决三个方面的问题:如何对桥梁技术状况、各种缺陷、病害进行全面细致的检查与检测;在检查、检测的基础上,如何对旧桥工程现状、承载能力作出正确的评定;在此基础上,如何选定技术上可行、经济上合理的桥梁加固、改造方案。通过学习,使学生掌握对现役桥梁评价和病害处置能力。

18. 钢桥

"钢桥"是一门综合性、多学科交叉的课程,实践性非常强,需要有一定的空间想象力,需要依托感性认识、经验和构造图示才能较好把握、理解其实际结构。学生通过该课程学习钢桥的基本知识、基本理论和基本方法,获得钢桥设计与施工的核心能力。

教学内容为钢桥中最基本、最重要、工作中最常遇到的部分,包括钢桥设计计算特点,钢梁桥基本结构形式(钢板梁桥、钢箱梁桥、钢桁梁桥)、构造特点、受力特点和适用范围、结构设计方法,以及大跨钢拱桥、斜拉桥、悬索桥的一般构造与设计特点等。

19. 隧道工程

"隧道工程"是一门综合性、多学科交叉的课程,实践性极强,需要依托感性认识、经验和构造图示才能较好把握、理解其实际结构以及相应的工程设计、施工。学生通过该课程,学习隧道工程的基本知识、基本理论和基本方法,获得隧道工程设计与施工的核心能力,掌握有关公路隧道勘察、隧道总体构造设计、隧道围岩压力计算理论及计算方法、隧道施工、隧道监测及检测技术以及隧道运营与管理等方面的知识。

20. 隧道施工

"隧道施工"是涉及隧道及地下洞室的施工方法、施工技术和施工管理的课程。隧道施工是和工程实践有密切联系的课程,在学习该课程时应和生产实习紧密结合,使学生有一定感性认识才能加深对该课程内容的理解。学生通过该课程学习隧道施工方法、施工技术和施工管理,获得基本知识、基本理论和基本方法,获得从事隧道工程设计、施工、管理的能力。

教学内容为隧道施工中最核心的部分,通过该课程的学习,使学生掌握隧道施工有关的施工方法选择原则与依据;不同施工方法的施工原则、施工步骤与施工工艺;隧道施工组织设计与管理;以及特殊地质地段施工等方面的知识。

通过"隧道施工"课程的教学,使学生掌握隧道及地下工程施工基本方法的分类;施工方法的施工原理、施工原则、施工步骤、施工工艺;隧道施工组织计划编写、施工管理内容与方法等主要内容和要点。通过课程学习,培养学生从实际观察中得出自己的工程判断的能力,并能激发学生的创新意识。

21. 隧道结构计算与分析

"隧道结构计算与分析"是一门力学综合课程,需要一定的高等数学、结构力学、材料力学、弹性力学等学科基础,要求学生掌握隧道结构计算的基础理论、解题方法和计算技术,借助计算机分析技术,可以对公路隧道的结构设计给出定性或者半定量的评价,甚至于结合现场施工量测控制技术,给出定量的分析。

教学内容为隧道结构计算的基本理论及算例分析,包括结构力学法、弹性力学法、有限单元法等。

结合课程设计教学环节,使学生具备基本结构形式下隧道结构计算的能力。"隧道结构计算与分析"课程学习完毕后,学生应能对各种类型的隧道结构形式进行内力计算与安全性分析,进而为隧道结构设计服务。

22. 隧道运营管理

"隧道运营管理"是一门综合性、多学科交叉的课程,实践性非常强。与铁路隧道、水工隧洞等相比,隧道运营管理是本专业方向最具特色的一门专业课。

通过该课程的学习,使学生掌握隧道运营管理的基本概念、隧道通风方式、隧道需风量的计算、隧道风机的计算和配置;隧道照明设计计算;隧道交通工程、隧道火灾的分类和火灾规模等内容。在此基础上,使学生基本掌握隧道运营通风、照明、防灾和交通监控系统的计算原理与设计方法,培养学生分析和解决隧道环境工程中复杂问题的能力,并为进一步学习各系统的控制方法和测试技术奠定基础。

23. 地基处理

该课程教学的任务是使学生树立正确的地基处理思路,掌握基本原理与设计计算方法,具备独立处理相关地基问题的能力。

"地基处理"课程注重能力培养,其具体教学目的包括:

(1)分析问题和判断问题能力:掌握如何面对复杂的地质条件和上部结构对地基的要求,抓住问题关键环节和主要矛盾,提出解决问题的思路。

(2)综合处理问题能力:学会用系统观点看问题,综合考虑各种因素,应用常用的多种处理方法,提出地基处理方案,并通过理论计算,进行地基处理方案的优化和施工图设计,使之符合技术先进、经济合理、安全可靠的原则。

(3)工作组织能力:掌握如何组建工作班子,有效协调工程勘察、地基处理设计和施工之间的关系。

24. 岩土工程测试技术

"岩土工程测试技术"主要讲授岩土工程性质的测试理论和测试技术,岩土工程治理过程中的监测和评价,目的是通过该课程的学习,掌握岩土测试与检测的基本要求,合理选用测试和检测手段,为岩土体整治的设计和施工提供理论和技术依据,保证工程质量与安全。

通过该课程的学习,使学生加深对所学课程理论知识的理解和融会贯通,学会各种测试仪器的操作原理和使用方法。培养学生的实验技能动手能力和分析问题、解决问题的能力,为进一步进行实际工程检测和科学实验打好基础。